PARTICIPAÇÃO DOS EMPREGADOS NOS LUCROS DAS EMPRESAS

Sergio Pinto Martins

PARTICIPAÇÃO DOS EMPREGADOS NOS LUCROS DAS EMPRESAS

5ª edição

saraiva jur

saraiva EDUCAÇÃO | saraiva jur

Av. Paulista, 901, 3º andar
Bela Vista – São Paulo – SP – CEP: 01311-100

SAC | sac.sets@somoseducacao.com.br

Diretoria executiva	Flávia Alves Bravin
Diretoria editorial	Renata Pascual Müller
Gerência de projetos e produção editorial	Fernando Penteado
Planejamento	Josiane de Araujo Rodrigues
Novos projetos	Sérgio Lopes de Carvalho Dalila Costa de Oliveira
Edição	Clarissa Boraschi Maria (coord.) Daniel Pavani Naveira
Produção editorial	Daniele Debora de Souza (coord.) Luciana Cordeiro Shirakawa Estela Janiski Zumbano
Arte e digital	Mônica Landi (coord.) Camilla Felix Cianelli Chaves Claudirene de Moura Santos Silva Deborah Mattos Guilherme H. M. Salvador Tiago Dela Rosa
Projetos e serviços editoriais	Daniela Maria Chaves Carvalho Kelli Priscila Pinto Laura Paraíso Buldrini Filogônio Marília Cordeiro Nicoly Wasconcelos Razuk
Diagramação	Edson Colobone
Revisão	Estela Janiski Zumbano Ivani Aparecida Martins Luciana Cordeiro Shirakawa
Capa	Deborah Mattos
Produção gráfica	Marli Rampim Sergio Luiz Pereira Lopes
Impressão e acabamento	

DADOS INTERNACIONAIS DE CATALOGAÇÃO NA PUBLICAÇÃO (CIP)
ANGÉLICA ILACQUA CRB-8/7057

Martins, Sergio Pinto
Participação dos empregados nos lucros das empresas / Sergio Pinto Martins. – 5. ed. – São Paulo: Saraiva Educação, 2021.
214 p.

Bibliografia
ISBN 978-65-5559-067-8 (impresso)

1. Direito do trabalho - Brasil. I. Título.

20-0450 CDD 340

Índice para catálogo sistemático:

1. Direito do trabalho : Brasil

Data de fechamento da edição: 10-12-2020

Dúvidas? Acesse www.editorasaraiva.com.br/direito

CL 606719 CAE 736321

A Márcia Boer, pela sua paciência, compreensão e estímulo
e pelo que tem significado para mim

"Mestre não é quem sempre ensina,
mas quem de repente aprende."

Guimarães Rosa

TRABALHOS DO AUTOR

LIVROS

1. *Imposto sobre serviços* – ISS. São Paulo: Atlas, 1992.
2. *Direito da seguridade social*. 39. ed. São Paulo: Saraiva, 2020.
3. *Direito do trabalho*. 36. ed. São Paulo: Saraiva, 2020.
4. *Terceirização e o direito do trabalho*. 15. ed. São Paulo: Saraiva, 2018.
5. *Manual do ISS*. 10. ed. São Paulo: Saraiva, 2017.
6. *Participação dos empregados nos lucros das empresas*. 5. ed. São Paulo: Saraiva, 2021.
7. *Práticas discriminatórias contra a mulher e outros estudos*. São Paulo: LTr, 1996.
8. *Contribuição confederativa*. São Paulo: LTr, 1996.
9. *Medidas cautelares*. São Paulo: Malheiros, 1996.
10. *Manual do trabalho doméstico*. 14. ed. São Paulo: Saraiva, 2018.
11. *Tutela antecipada e tutela específica no processo do trabalho*. 4. ed. São Paulo: Atlas, 2013.
12. *Manual do FGTS*. 5. ed. São Paulo: Saraiva, 2017.
13. *Comentários à CLT*. 23. ed. São Paulo: Saraiva, 2020.
14. *Manual de direito do trabalho*. 13. ed. São Paulo: Saraiva, 2020.
15. *Direito processual do trabalho*. 42. ed. São Paulo: Saraiva, 2020.
16. *Contribuições sindicais*. 6. ed. São Paulo: Saraiva, 2020.
17. *Contrato de trabalho de prazo determinado e banco de horas*. 4. ed. São Paulo: Atlas, 2002.
18. *Estudos de direito*. São Paulo: LTr, 1998.
19. *Legislação previdenciária*. 23. ed. São Paulo: Saraiva, 2020.
20. *Síntese de direito do trabalho*. Curitiba: JM, 1999.
21. *A continuidade do contrato de trabalho*. 2. ed. São Paulo: Saraiva, 2019.
22. *Flexibilização das condições de trabalho*. 6. ed. São Paulo: Saraiva, 2020.
23. *Legislação sindical*. São Paulo: Atlas, 2000.
24. *Comissões de conciliação prévia*. 3. ed. São Paulo: Atlas, 2008.
25. *Coleção Fundamentos: direito processual do trabalho*. 22. ed. São Paulo: Saraiva, 2020.
26. *Coleção Fundamentos: direito do trabalho*. 21. ed. São Paulo: Saraiva, 2020.
27. *Coleção Fundamentos: direito da seguridade social*. 17. ed. São Paulo: Saraiva, 2016.
28. *Instituições de direito público e privado*. 18. ed. São Paulo: Saraiva, 2018.
29. *Pluralismo do direito do trabalho*. 2. ed. São Paulo: Saraiva, 2016.
30. *Greve no serviço público*. 2. ed. São Paulo: Saraiva, 2017.
31. *A execução da contribuição previdenciária na justiça do trabalho*. 5. ed. São Paulo: Saraiva, 2019.
32. *Manual de direito tributário*. 18. ed. São Paulo: Saraiva, 2019.
33. *CLT Universitária*. 26. ed. São Paulo: Saraiva, 2020.
34. *Cooperativas de trabalho*. 6. ed. São Paulo: Atlas, 2015.
35. *Reforma previdenciária*. 3. ed. São Paulo: Atlas, 2020.
36. *Manual da justa causa*. 7. ed. São Paulo: Saraiva, 2018.
37. *Comentários às súmulas do TST*. 16. ed. São Paulo: Saraiva, 2016.
38. *Constituição. CLT. Legislação previdenciária e legislação complementar*. 3. ed. São Paulo: Atlas, 2012.
39. *Dano moral decorrente do contrato de trabalho*. 5. ed. São Paulo: Saraiva, 2018.
40. *Profissões regulamentadas*. 2. ed. São Paulo: Atlas, 2013.
41. *Direitos fundamentais trabalhistas*. 3. ed. São Paulo: Atlas, 2020.
42. *Convenções da OIT*. 3. ed. São Paulo: Saraiva, 2016.
43. *Estágio e relação de emprego*. 5. ed. São Paulo: Saraiva, 2019.
44. *Comentários às Orientações Jurisprudenciais da SBDI-1 e 2 do TST*. 7. ed. São Paulo: Saraiva, 2016.
45. *Direitos trabalhistas do atleta profissional de futebol*. 2. ed. São Paulo: Saraiva, 2016.
46. *Prática trabalhista*. 9. ed. São Paulo: Saraiva, 2019.
47. *Assédio moral*. 5. ed. São Paulo: Saraiva, 2017.
48. Comentários à Lei n. 8.212/91. *Custeio da Seguridade Social*. São Paulo: Atlas, 2013.
49. Comentários à Lei n. 8.213/91. *Benefícios da Previdência Social*. São Paulo: Atlas, 2013.
50. *Prática previdenciária*. 5. ed. São Paulo: Saraiva, 2019.
51. *Teoria geral do processo*. 5. ed. São Paulo: Saraiva, 2020.

52. *Teoria geral do Estado*. 2. ed. São Paulo: Saraiva, 2018.
53. *Introdução ao Estudo do Direito*. São Paulo: Saraiva, 2018.
54. *Reforma trabalhista*. São Paulo: Saraiva, 2018.

ARTIGOS

1. A dupla ilegalidade do IPVA. *Folha de S. Paulo*, São Paulo, 12 mar. 1990. Caderno C., p. 3.
2. Descumprimento da convenção coletiva de trabalho. *LTr*, São Paulo, n. 54-7/854, jul. 1990.
3. Franchising ou contrato de trabalho? *Repertório IOB de Jurisprudência*, n. 9, texto 2/4990, p. 161, 1991.
4. A multa do FGTS e o levantamento dos depósitos para aquisição de moradia. *Orientador Trabalhista – Suplemento de Jurisprudência e Pareceres*, n. 7, p. 265, jul. 1991.
5. O precatório e o pagamento da dívida trabalhista da fazenda pública. *Jornal do II Congresso de Direito Processual do Trabalho*, jul. 1991, p. 42. (Promovido pela LTr Editora.)
6. As férias indenizadas e o terço constitucional. *Orientador Trabalhista Mapa Fiscal – Suplemento de Jurisprudência e Pareceres*, n. 8, p. 314, ago. 1991.
7. O guarda de rua contratado por moradores. Há relação de emprego? *Folha Metropolitana*, Guarulhos, 12 set. 1991. p. 3.
8. O trabalhador temporário e os direitos sociais. *Informativo Dinâmico* IOB, n. 76, p. 1164, set. 1991.
9. O serviço prestado após as cinco horas em sequência ao horário noturno. *Orientador Trabalhista Mapa Fiscal – Suplemento de Jurisprudência e Pareceres*, n. 10, p. 414, out. 1991.
10. Incorporação das cláusulas normativas nos contratos individuais do trabalho. *Jornal do VI Congresso Brasileiro de Direito Coletivo do Trabalho e V Seminário sobre Direito Constitucional do Trabalho*, nov. 1991, p. 43. (Promovido pela LTr Editora.)
11. Adicional de periculosidade no setor de energia elétrica: algumas considerações. *Orientador Trabalhista Mapa Fiscal – Suplemento de Jurisprudência e Pareceres*, n. 12, p. 544, dez. 1991.
12. Salário-maternidade da empregada doméstica. *Folha Metropolitana*, Guarulhos, 2-3 fev. 1992. p. 7.
13. Multa pelo atraso no pagamento de verbas rescisórias. *Repertório IOB de Jurisprudência*, n. 1, texto 2/5839, p. 19, 1992.
14. Base de cálculo dos adicionais. *Orientador Trabalhista Mapa Fiscal – Suplemento de Legislação, Jurisprudência e Doutrina*, n. 2, p. 130, fev. 1992.
15. Base de cálculo do adicional de insalubridade. *Orientador Trabalhista Mapa Fiscal – Suplemento de Legislação, Jurisprudência e Doutrina*, n. 4, p. 230, abr. 1992.
16. Limitação da multa prevista em norma coletiva. *Repertório IOB de Jurisprudência*, n. 10, texto 2/6320, p. 192, 1992.
17. Estabilidade provisória e aviso prévio. *Orientador Trabalhista Mapa Fiscal – Suplemento de Legislação, Jurisprudência e Doutrina*, n. 5, p. 279, maio 1992.
18. Contribuição confederativa. *Orientador Trabalhista Mapa Fiscal – Suplemento de Legislação, Jurisprudência e Doutrina*, n. 6, p. 320, jun. 1992.
19. O problema da aplicação da norma coletiva de categoria diferenciada à empresa que dela não participou. *Orientador Trabalhista Mapa Fiscal – Suplemento de Legislação, Jurisprudência e Doutrina*, n. 7, p. 395, jul. 1992.
20. Intervenção de terceiros no processo de trabalho: cabimento. *Jornal do IV Congresso Brasileiro de Direito Processual do Trabalho*, jul. 1992. p. 4. (Promovido pela LTr Editora.)
21. Relação de emprego: dono de obra e prestador de serviços. *Folha Metropolitana*, Guarulhos, 21 jul. 1992. p. 5.
22. Estabilidade provisória do cipeiro. *Orientador Trabalhista Mapa Fiscal – Suplemento de Legislação, Jurisprudência e Doutrina*, n. 8, p. 438, ago. 1992.
23. O ISS e a autonomia municipal. *Suplemento Tributário LTr*, n. 54, p. 337, 1992.
24. Valor da causa no processo do trabalho. *Suplemento Trabalhista LTr*, n. 94, p. 601, 1992.
25. Estabilidade provisória do dirigente sindical. *Orientador Trabalhista Mapa Fiscal – Suplemento de Legislação, Jurisprudência e Doutrina*, n. 9, p. 479, set. 1992.
26. Estabilidade no emprego do aidético. *Folha Metropolitana, Guarulhos*, 20-21 set. 1992. p. 16.
27. Remuneração do engenheiro. *Orientador Trabalhista Mapa Fiscal – Suplemento de Legislação, Jurisprudência e Doutrina*, n. 10, p. 524, out. 1992.
28. Estabilidade do acidentado. *Repertório IOB de Jurisprudência*, n. 22, texto 2/6933, p. 416, 1992.
29. A terceirização e suas implicações no direito do trabalho. *Orientador Trabalhista Mapa Fiscal – Suplemento de Legislação, Jurisprudência e Doutrina*, n. 11, p. 583, nov. 1992.

30. Contribuição assistencial. *Jornal do VII Congresso Brasileiro de Direito Coletivo do Trabalho e VI Seminário sobre Direito Constitucional do Trabalho*, nov. 1992. p. 5.
31. Descontos do salário do empregado. *Orientador Trabalhista Mapa Fiscal – Suplemento de Legislação, Jurisprudência e Doutrina*, n. 12, p. 646, dez. 1992.
32. Transferência de empregados. *Orientador Trabalhista Mapa Fiscal – Suplemento de Legislação, Jurisprudência e Doutrina*, n. 1, p. 57, jan. 1993.
33. A greve e o pagamento dos dias parados. *Orientador Trabalhista Mapa Fiscal – Suplemento de Legislação, Jurisprudência e Doutrina*, n. 2, p. 138, fev. 1993.
34. Auxílio-doença. *Folha Metropolitana*, Guarulhos, 30 jan. 1993. p. 5.
35. Salário-família. *Folha Metropolitana*, Guarulhos, 16 fev. 1993. p. 5.
36. Depósito recursal. *Repertório IOB de Jurisprudência*, n. 4, texto 2/7239, p. 74, fev. 1993.
37. Terceirização. *Jornal Magistratura & Trabalho*, n. 5, p. 12, jan. e fev. 1993.
38. Auxílio-natalidade. *Folha Metropolitana*, Guarulhos, 9 mar. 1993. p. 4.
39. A diarista pode ser considerada empregada doméstica? *Orientador Trabalhista Mapa Fiscal – Suplemento de Legislação, Jurisprudência e Doutrina*, n. 3/93, p. 207.
40. Renda mensal vitalícia. *Folha Metropolitana*, Guarulhos, 17 mar. 1993. p. 6.
41. Aposentadoria espontânea com a continuidade do aposentado na empresa. *Jornal do Primeiro Congresso Brasileiro de Direito Individual do Trabalho*, 29 e 30 mar. 1993. p. 46-47. (Promovido pela LTr Editora.)
42. Relação de emprego e atividades ilícitas. *Orientador Trabalhista Mapa Fiscal – Suplemento de Legislação, Jurisprudência e Doutrina*, n. 5/93. p. 345.
43. Conflito entre norma coletiva do trabalho e legislação salarial superveniente. *Revista do Advogado*, n. 39, p. 69, maio 1993.
44. Condição jurídica do diretor de sociedade em face do direito do trabalho. *Orientador Trabalhista Mapa Fiscal – Suplemento de Legislação, Jurisprudência e Doutrina*, n. 6/93, p. 394.
45. Equiparação salarial. *Orientador Trabalhista Mapa Fiscal – Suplemento de Legislação, Jurisprudência e Doutrina*, n. 7/93, p. 467.
46. Dissídios coletivos de funcionários públicos. *Jornal do 5º Congresso Brasileiro de Direito Processual do Trabalho*, jul. 1993. p. 15. (Promovido pela LTr Editora.)
47. Contrato coletivo de trabalho. *Orientador Trabalhista Mapa Fiscal – Suplemento de Legislação, Jurisprudência e Doutrina*, n. 8/93, p. 536.
48. Reintegração no emprego do empregado aidético. *Suplemento Trabalhista LTr*, n. 102/93, p. 641.
49. Incidência da contribuição previdenciária nos pagamentos feitos na Justiça do Trabalho. *Orientador Trabalhista Mapa Fiscal – Suplemento de Legislação, Jurisprudência e Doutrina*, n. 9/93, p. 611.
50. Contrato de trabalho por obra certa. *Orientador Trabalhista Mapa Fiscal – Suplemento de Legislação, Jurisprudência e Doutrina*, n. 10/93. p. 674.
51. Auto-aplicabilidade das novas prestações previdenciárias da Constituição. *Revista de Previdência Social*, n. 154, p. 697, set. 1993.
52. Substituição processual e o Enunciado 310 do TST. *Orientador Trabalhista Mapa Fiscal – Suplemento de Legislação, Jurisprudência e Doutrina*, n. 11/93, p. 719.
53. Litigância de má-fé no processo do trabalho. *Repertório IOB de Jurisprudência*, n. 22/93, texto 2/8207, p. 398.
54. Constituição e custeio do sistema confederativo. *Jornal do 8. Congresso Brasileiro de Direito Coletivo do Trabalho e 7. Seminário sobre Direito Coletivo do Trabalho*, nov. 1993. p. 68. (Promovido pela LTr Editora.)
55. Participação nos lucros. *Orientador Trabalhista Mapa Fiscal – Suplemento de Legislação, Jurisprudência e Doutrina*, n. 12/93. p. 778.
56. Auxílio-funeral. *Folha Metropolitana*, Guarulhos, 22-12-1993. p. 5.
57. Regulamento de empresa. *Orientador Trabalhista Mapa Fiscal – Suplemento de Legislação, Jurisprudência e Doutrina*, n. 1/94. p. 93.
58. Aviso prévio. *Orientador Trabalhista Mapa Fiscal – Suplemento de Legislação, Jurisprudência e Doutrina*, n. 2/94. p. 170.
59. Compensação de horários. *Orientador Trabalhista Mapa Fiscal – Suplemento de Legislação, Jurisprudência e Doutrina*, n. 3/94. p. 237.
60. Controle externo do judiciário. *Folha Metropolitana*, Guarulhos, 10-3-1994. p. 2; *Folha da Tarde*, São Paulo, 26-3-1994. p. A2.
61. Aposentadoria dos juízes. *Folha Metropolitana*, Guarulhos, 11-3-1994. p. 2; *Folha da Tarde*, São Paulo, 23-3-1994. p. A2.
62. Base de cálculo da multa de 40% do FGTS. *Jornal do Segundo Congresso Brasileiro de Direito Individual do Trabalho*, promovido pela *LTr*, 21 a 23-3-1994. p. 52.
63. Denunciação da lide no processo do traba-

lho. *Repertório IOB de Jurisprudência*, n. 7/94, abr. de 1994. p. 117, texto 2/8702.

64. A quitação trabalhista e o Enunciado n. 330 do TST. *Orientador Trabalhista Mapa Fiscal – Suplemento de Legislação, Jurisprudência e Doutrina*, n. 4/94. p. 294.

65. A indenização de despedida prevista na Medida Provisória n. 457/94. *Repertório IOB de Jurisprudência*, n. 9/94. p. 149, texto 2/8817.

66. A terceirização e o Enunciado n. 331 do TST. *Orientador Trabalhista Mapa Fiscal – Suplemento de Legislação, Jurisprudência e Doutrina*, n. 5/94. p. 353.

Sumário

Apresentação

Sergio Pinto Martins oferece ao público mais uma obra de qualidade e que, desta vez, cuida da participação dos empregados nos lucros das empresas.

Trata-se de tema atualíssimo, que tem movimentado as empresas e os sindicatos, sugerindo, em decorrência, inúmeros debates. Eis por que a necessidade de estudo sistemático e de qualidade sobre o assunto, a fim de orientar a todos os interessados.

Poucas pessoas entre nós estão credenciadas para encarar essa tarefa de estudar, informar e orientar com seriedade e objetividade o leitor a respeito.

Entre elas, destaca-se o juiz e professor Sergio Pinto Martins.

O livro fornece um panorama muito rico do direito estrangeiro, possibilitando o exame de mais de 20 exemplos de tratamento da questão e da postura da OIT.

Além da evolução do tema entre nós, o autor elabora interessante comparação com outros institutos afins, para, a seguir, fixar-se na participação nos lucros, fornecendo os elementos necessários à correta compreensão pelo leitor.

Afinal, examina os textos legais atinentes, enfeixando suas posições em conclusões objetivas, que nos fornecem condições de equacionar problemas emergentes.

O autor é desembargador do TRT da 2ª Região, destacando-se como magistrado dedicado, sensível e alvo do reconhecimento de todos que militam na Justiça do Trabalho.

Na condição de professor da Universidade Mackenzie, tem Sergio Pinto Martins o mesmo desempenho da magistratura. Extremamente dedicado, recebe o testemunho de seus alunos pela cuidadosa preparação de suas aulas e a preocupação com a efetiva compreensão de seus alunos de seus ensinamentos.

Seu proceder revela a excelência do profissional que é. E seu estímulo é exatamente o gosto que tem pelo Direito do Trabalho e a crença na necessidade de colaborar para o aperfeiçoamento das relações entre empregado e empregador.

Essa é a razão do reconhecimento de todos a este jovem e competente profissional.

Tenho tido a oportunidade, como colega de magistratura e de magistério, de testemunhar a dedicação de Sergio Pinto Martins às atividades profissionais que exerce. Por isso, posso afirmar que o sucesso de suas atividades decorre de seus dotes intelectuais, mas, principalmente, da sinceridade de propósitos com que se lança a tudo o que faz, dando o melhor de si, com o que ensina e estimula a todos.

São essas qualidades do autor que, transferidas para sua mais recente obra, apontam para mais um sucesso editorial.

Pedro Paulo Teixeira Manus

Advogado. Ministro aposentado do TST

Professor titular de Direito do Trabalho da PUC/SP. Diretor da PUC/SP.

Prefácio

Este estudo surgiu a partir de vários artigos que publiquei sobre o tema. No decorrer de 1995, aprofundei as pesquisas sobre a participação nos lucros, verificando conceitos, analisando o Direito Comparado, além de ter participado de alguns seminários sobre o tema. O material, armazenado em arquivo de computador, foi aumentando, razão pela qual resolvi publicá-lo.

Havia necessidade de se fazer um estudo de conjunto, tratando não só da previsão constitucional e sua evolução, como também da legislação ordinária, além dos diversos conceitos que devem ser analisados.

Nesta 5ª edição, foi feita a atualização em decorrência da Lei n. 13.467/2015 e vários outros acréscimos.

Sergio Pinto Martins

Introdução

Forma de flexibilização dos direitos trabalhistas e de se estabelecer competitividade entre as empresas, mostrando quais são as mais modernas e aptas a enfrentar os efeitos da globalização da economia. A resistência que sempre ocorreu na tentativa de impedir a participação nos lucros das empresas deveria voltar-se para uma convergência de interesses de empregado e empregador no sentido de sua instituição.

Desde a Constituição de 1946, que tratou do tema no inciso IV do art. 157, o assunto foi objeto de inúmeras tentativas de convertê-lo em lei. Como Fênix, que ressurge das cinzas, o assunto sempre volta à tona.

Tem, porém, a participação nos lucros de ser estudada de acordo com um conjunto, envolvendo não só regras atinentes ao Direito do Trabalho, que dizem respeito ao caráter salarial ou não do benefício, mas também de Direito Comercial, ou, mais especificamente, Societário, que compreende a distribuição dos lucros aos acionistas ou sócios, mas também a participação dos empregados nos mesmos lucros, e de Direito Tributário, quanto às regras inerentes à tributação das empresas, principalmente no que diz respeito ao imposto de renda, dedutibilidade do pagamento de certas importâncias como despesas operacionais e forma como será calculada a participação nos lucros. Logo, verifica-se que há um entrelaçamento entre esses aspectos trabalhistas, societários e de imposto de renda, que devem ser estudados em conjunto, inclusive quanto a normas legais que tratem do tema, pois as questões são interdependentes e conexas.

O estudo histórico das Constituições e da época de suas elaborações indica como a ideia da participação nos lucros foi sendo formada, o que pode servir de subsídio para o intérprete na análise do preceito legal e de base ao legislador ordinário.

Irei, portanto, estudar a participação nos lucros a partir de sua concepção histórica, nas Constituições brasileiras e verificando o Direito Comparado. Entendo ser necessário distinguir a participação nos lucros do PIS/Pasep, justamente para diferenciá-la desse instituto, pois alguns autores entenderam que o último seria uma forma de participação nos lucros. Há necessidade também de se analisar sua natureza jurídica, o problema da desvinculação da remuneração e a autoaplicabilidade do inciso XI do art. 7º da Lei Maior. Deve-se discutir, ainda, o conceito de lucros e resultados, tal qual delineado na Lei Magna, bem como as vantagens e as desvantagens do sistema, estudando as medidas provisórias que foram editadas até chegar na Lei n. 10.101/2000, além das várias características nelas contidas.

Eis meu intuito.

1

Origens

Na Bíblia, verificava-se o repúdio ao lucro, entendendo que era "igual à cunha mergulhada num conjunto de pedras, assim se encontra introduzido o pecado entre a venda e a compra".

Santo Tomás de Aquino entendia que o proveito econômico adquirido com respeito às normas da justiça e da caridade é moral. Afirmava que, se a diferença entre o preço de custo e o de venda no mercado vem a ser a remuneração do empregador ou do capital empregado, no custo deve estar incluído o justo salário. Seria uma forma de solucionar a questão social, correspondente à Justiça Social, evitando litígios entre empregados e empregadores.

A participação nos lucros tem origem na ideia de que o Estado tinha interesse de repartir os lucros da empresa, por meio de impostos sobre lucros, devendo haver também uma forma de se assegurar a mesma participação a quem ajudou a empresa a consegui-los, que seria relativa aos empregados.

A primeira notícia que se tem da participação nos lucros é de 1794, quando Albert Gallatin, secretário do Tesouro do Presidente Jefferson, distribuiu aos empregados parte dos lucros em suas indústrias de vidro de New Genève.

Em 1812, Napoleão Bonaparte, por meio de um decreto, concedeu a participação nos lucros aos artistas da *Comédie Française*, que, além do ordenado fixo, teriam uma participação na receita (*feux*). A participação era feita com base no lucro líquido, calculado no final do ano, levando-se em conta a fama, a idade e a antiguidade dos artistas. Os lucros seriam divididos em 24 quotas. Uma dessas quotas ficaria para reserva, visando a despesas imprevistas. Meia quota seria destinada a um fundo de embelezamento e restauração do teatro. Outra meia quota, ao fundo de pensão.

As 22 quotas restantes seriam divididas entre os atores associados, na razão de um oitavo entre os associados mais jovens e menos famosos até o máximo de uma quota aos mais famosos e antigos. Metade do lucro seria atribuída em dinheiro aos beneficiários e a outra metade seria destinada a um fundo de pensão para os mesmos atores.

Monsier Edmé Jean Leclaire, em 1842, proprietário de pequeno ateliê de pintura em Paris, Maison Leclaire, ao encerrar seu balanço e apurar lucro, resolveu entregar a seus empregados, sem qualquer explicação, considerável parcela do resultado obtido na exploração no negócio. Leclaire simplesmente abriu uma sacola que continha o lucro de seu empreendimento e o distribuiu a seus empregados. Tirava Leclaire primeiro o juro de seu capital, uma soma para retribuir seu trabalho de diretor e sua responsabilidade, e distribuía o restante entre os empregados, na proporção de seus salários. Muitos dos funcionários não quiseram aceitar o presente. E, Leclaire chamado pelas autoridades policiais, foi apontado como elemento nocivo à coletividade da época, por ser perigoso à ordem social, e considerado um revolucionário que estava ultrapassando os limites dos costumes e das tradições da sociedade de então, pois seu sistema prejudicava o empregado em acertar seu salário com o empregador. Acabou sendo preso, em razão de denúncias de pessoas que teriam sido prejudicadas, sob o argumento de violar a modalidade de pagamento vigente. Há afirmações de que Leclaire foi mandado às galés, para fazer trabalhos forçados.

Em 1844, Edmond-Larouche Joubert, de Angoulême, estabeleceu a participação nos lucros em sua papelaria.

John Stuart Mill e John Bright entendiam que a participação nos lucros seria uma forma preventiva contra as greves, e que os empregados poderiam ter acesso às ações da empresa e, posteriormente, a sua direção.

Robert Owen, na Escócia, no princípio do século XIX, também teria feito uma experiência de distribuir lucros a seus empregados.

Na Prússia, por volta de 1847, começou a observar-se o sistema de participação nos lucros. Em 1850, a Inglaterra também passou a adotá-lo. Em 1869, foi a vez de os Estados Unidos observá-lo. Charles Robert também foi um dos pioneiros no tema, por volta de 1848, preparando o movimento para o estabelecimento de planos de participação nos lucros, conforme seu trabalho *Le Partage des Fruits du Travail* (Paris, 1878).

Na Grã-Bretanha, acreditava-se que a participação nos lucros seria uma forma de evitar greves. A *South Metropolitan Gas Company*, em 1889, foi a primeira a conceder a participação nos lucros; metade foi distribuída em dinheiro e a outra metade em ações. Em 1923 e 1925, a *British Trade Unions Congress* condenava a participação nos lucros, pois era destinada a desencaminhar os trabalhadores e a evitar a solidariedade dos sindicatos. O fato é que o resultado psicológico e econômico que se esperava com a participação nos lucros poderia não ser atingido.

Em 1917, a participação nos lucros foi prevista na Constituição do México (art. 123, VI e IX), que determinou sua compulsoriedade nas empresas agrícolas, industriais, comerciais e de mineração, que, porém, só foi regulamentada muitos anos depois. Tinha a referida norma a seguinte redação: "Em toda empresa agrícola, comercial, industrial ou mineira os trabalhadores terão direito a uma participação nos lucros". O que se verificava nesse momento histórico é que estava havendo uma forma de transição entre o sistema capitalista e o regime socialista, de maneira a haver uma participação social do trabalhador na empresa, de cooperação entre o trabalhador e o empregador, de se associar o capital ao trabalho. Era o aparecimento do socialismo, como uma forma de transição política.

Na Alemanha, V. K. Bohmert observava na participação nos lucros a simetrização do empregado com o empregador, o que foi feito na Ótica Zeiss, que era de propriedade de Ernst Abbe. Nesse sistema, o lucro distribuído não excedia a 8% do total da folha de pagamento. O conglomerado Krupp adotou também um sistema de participação baseado na realização de tarefas em prazo inferior ao determinado, ocasião em que o empregado tinha direito à participação nos lucros.

Houve também influência da religião católica para a concessão da participação nos lucros aos empregados, como forma de solucionar o problema social. Os estudos sociais do Cardeal Mercier chegaram a ser acolhidos pelo Papa Leão XIII na encíclica *Rerum Novarum* (1891), preconizando também a participação nos lucros como medida de justiça social.

O Papa Pio XI, por meio da encíclica *Quadragesimo Anno* (1931), também mencionou a necessidade da existência da participação nos lucros da empresa, pois:

> nas hodiernas condições sociais, julgamos seja prudente que, na medida do possível, o ajuste do trabalho venha a ser temperado um

> pouco com o contrato de sociedade, conforme já se principiou a fazer em diversas maneiras, com não poucas vantagens para os mesmos operários e patrões. Destarte, os operários se tornam cointeressados ou na propriedade ou na administração e compartes em certa medida nos lucros auferidos.
>
> É completamente falso atribuir só ao capital ou só ao trabalho aquilo que se obtém com a ação conjunta dum e doutro; e é também de todo injusto que um deles, negando a eficácia da contribuição do outro, se arrogue somente a si tudo o que se quer realizar.

Menciona uma parte do lucro, proporcional à participação do trabalhador no valor criado. Esta parte aleatória do rendimento é abrangida no salário por uma soma fixada como previsão dos lucros futuros ou levando em conta os lucros pretéritos.

O Papa João XXIII, na encíclica *Mater et Magistra*, pretendeu o reconhecimento do direito dos trabalhadores a "uma participação ativa nos negócios da empresa em que trabalham", não tendo apenas como parâmetro o lucro, pois "a justiça há de respeitar-se, não só na distribuição da riqueza, mas também na estrutura das empresas em que se exerce a atividade produtiva", não ficando o trabalhador apenas como um simples executor de ordens. Seria uma forma de atenuação das lutas sociais. A orientação da Igreja era, portanto, de que o trabalhador não ficasse apenas executando ordens, silenciosamente, mas que tivesse condições de participar ativamente da empresa. O Código Social de Malines, representando o ponto de vista da Igreja Católica, mostra a conveniência da participação nos lucros, sob a forma de "ações de trabalho", evidenciando a cogestão do empreendimento por meio do acionariato obreiro (arts. 115 e 142).

Estabelece o art 142 do Código de Malines que:

> a porção do salário que corresponde à prosperidade maior ou menor da empresa pode ser fixada e liquidada no fim do exercício e em proporção aos lucros líquidos. Em vez de ser paga em dinheiro ela pode ser transformada em ações da empresa. À medida que se criam as ações de trabalho, pode-se reembolsar por sorteio um número igual de ações de capital. É permitido aos patrões não proporcionar a dita porção do salário pela maneira indicada e não transformar o montante em ações da empresa; mas, por sua vez, é permitido aos trabalhadores organizados não consentirem em contrato de trabalho que exclua essa dupla condição.

A encíclica *Laborem Exercens*, do Papa João Paulo II, assegura o primado ao trabalho na estrutura dinâmica de todo o processo econômico, mencionando o respeito à copropriedade dos meios de trabalho e à participação dos trabalhadores na gestão e/ou nos lucros das empresas. A Igreja, entretanto, não prescreve a participação nos lucros de forma obrigatória ou impositiva. A participação nos lucros é uma forma de integração entre o capital e o trabalho, de acordo com a doutrina social da Igreja Católica.

Não pode existir capital sem trabalho nem trabalho sem capital. Seria a participação nos lucros uma forma de integração entre o capital e o trabalho.

A participação nos lucros é um instituto típico do capitalismo e que se desenvolve há muito tempo até os dias de hoje.

Frederick Taylor, que criou a teoria da organização científica do trabalho, já dizia da dificuldade de repartir o lucro de modo justo em relação aos que participaram do empreendimento, porém advertia sobre a impossibilidade de o empregado participar das perdas, caso estas ocorressem. De certa forma, poder-se-ia dizer que a participação nos lucros iria incentivar desigualmente os trabalhadores, pois aquele que trabalhou mais ganharia a participação, e o que se empenhou em menor grau também a receberia. É claro que já se poderia dizer que os acionistas quotistas da empresa não iriam ter interesse na distribuição de participação nos lucros aos empregados, pois a parte daqueles iria ser menor.

A Liga Eleitoral Católica apresentou, em 1945, um programa mínimo aos candidatos à Assembleia Nacional Constituinte: "estudar, com a audiência dos interessados, uma fórmula de participação nos lucros que excedessem da justa remuneração fixada pelo capital".

Waldemar Ferreira (1954:177-178) afirma que vê na sociedade de capital e indústria a origem da participação nos lucros, tanto que foi consagrada no Código Comercial de 1850 e depois transplantada para outros países, como Argentina e Uruguai.

Verifica-se, analisando a evolução da participação nos lucros, que esta se inicia com a forma de distribuição de lucros aos empregados, vai-se desenvolvendo até mesmo no sentido da participação do obreiro no capital do empresário, até chegar à participação na gestão. A participação no capital das empresas tem sido adotada nos países anglo-saxões, em que se fala no acionariato ou *copartnership*, em que os empregados recebem quotas ou ações das empresas em forma de suplemento do salário ou é constituído um fundo especial com a totalidade dos lucros a eles atribuídos, permitindo este último que os empregados adquiram ações de terceiros ou da própria empresa. Os trabalhadores geralmente se tornam acionistas individualmente ou coletivamente, persistindo ao mesmo tempo a condição de empregado e acionista. Os dividendos obtidos, porém, serão entendidos como pagamento do capital, e não do trabalho prestado. Nos países latinos, não tem sido utilizado esse sistema do acionariato. A participação na gestão é feita sob a forma de comissões de fábrica ou comitês de empresa.

Afirma João Paulo II que "o lucro é um regulador da vida da empresa, mas não o único; a ele deve associar a consideração de outros fatores humanos e morais que, a longo prazo, são igualmente essenciais para a vida da empresa"[1].

No Brasil, foram poucas as empresas que adotaram a participação nos lucros antes das várias medidas provisórias editadas pelo governo, destacando-se empresas estatais e empresas privadas, como João Fortes Engenharia S.A. e algumas outras.

Na Semco S.A., cuja participação nos lucros ocorre desde 1988, 16,5% dos lucros são distribuídos aos empregados. A Monsanto do Brasil adotou um programa de participação nos resultados desde 1990. O certo é que os sindicatos não vinham interessando-se pela participação nos lucros, preferindo reivindicações mais concretas de melhoria de salário e manutenção de nível de emprego.

Não houve desinteresse dos parlamentares na regulamentação, pois foram vários os projetos de lei apresentados.

Muitos desaconselhavam a aplicação do instituto no sistema rural, pois haveria dificuldade para apuração exata dos lucros.

A dificuldade da instituição da participação residia também no critério de distribuição, pois certos empregados eram produtivos, outros ociosos, uns tinham maiores encargos domésticos, outros simplesmente não tinham encargos.

---

1 *Encíclica Centesimus Annus*. São Paulo: Paulinas, 1999, p. 67.

2 Evolução da Legislação Brasileira

A primeira tentativa de se instituir a participação nos lucros no Brasil data de 1919. Ela ocorreu por intermédio do deputado Deodato Maia, que, porém, não teve sucesso.

Estabelece o art. 63 da CLT, que tem ainda a redação original: "não haverá distinção entre empregados e interessados, e a participação em lucros e comissões, salvo em lucros de caráter social, não exclui o participante do regime deste Capítulo". O capítulo é o que versa sobre a duração da jornada de trabalho. Usa o citado dispositivo a expressão *lucro de caráter social. Lato sensu*, todo lucro tem caráter social, porém é proveniente do sistema capitalista. O sentido da expressão *interessado* quer dizer da pessoa que vai participar dos lucros, embora não seja sócio, mas empregado.

Na época, dizia-se que o interessado não era empregado, porém o sentido do art. 63 da CLT foi justamente dizer que empregado e interessado tinham o mesmo significado, apesar de ser uma espécie de empregado de confiança ou algo parecido, por ter uma participação nos lucros do empregador. A participação nos lucros não poderia mesmo importar na exclusão do empregado do regime da duração do trabalho, o que importa dizer que, havendo o direito a participação nos lucros, o empregado também terá direito a horas extras, adicional noturno, períodos de descanso. Há, portanto, uma igualdade entre o empregado comum e aquele que participa dos lucros da empresa.

No projeto da Comissão de Constituição da Câmara, da Assembleia Constituinte que deu origem à Constituição de 1946, em 15-5-1946, tinha-se redação bastante sintética: "participação obrigatória nos lucros das empresas". Em 9-8-1946, foi publicado anteprojeto que estava assim redigido: "participação obrigatória nos lucros das empresas, direta ou indiretamente, nos termos e pela forma que a lei determinar". Na votação, foi vencida a corrente que entendia que deveria ser especificada a participação indireta. A final, a redação definitiva trouxe pela primeira vez a participação nos lucros, conforme o inciso IV do art. 157 da Constituição de 1946: "participação obrigatória e direta do trabalhador nos lucros da empresa, nos termos e pela forma que a lei determinar".

Os deputados Milton Campos e Prado Kelly, quando da Assembleia Constituinte, apresentaram emenda, acrescentando a seguinte expressão: "com as consequências impostas pela necessidade de fiscalização", que a final não foi aprovada. O dispositivo constitucional de 1946 era uma norma de eficácia limitada, pois a lei ordinária é que deveria tratar do tema. Como se verifica, a participação nos lucros por parte do trabalhador não era facultativa, mas obrigatória e direta, porém remetia o intérprete à lei ordinária, que iria definir os termos e a forma dessa participação. Na lei ordinária deveriam ser definidas várias questões, como o que seria lucro; a forma de repartição, se dependeria de certo número de anos do trabalhador na empresa, sua produção e assiduidade; quem teria direito; o valor do pagamento; a possibilidade de dedução pela empresa como despesa operacional. Sem a lei ordinária, não haveria como implementar a participação nos lucros. Havia argumentos de que a efetiva não implantação decorria do fato de que a Constituição de 1946 determinava que a participação nos lucros seria obrigatória e direta, impedindo, assim, a participação facultativa e indireta, que poderia ser feita de outra forma.

A Lei n. 2.004, de 3-10-1953, instituiu a Petrobras. O art. 35 da Lei n. 2.004/53 estabelece que os estatutos da empresa prescreveriam normas específicas para a participação nos lucros da sociedade. O art. 75 do Decreto n. 81.217, de 13-1-1978, que é o estatuto da Petrobrás, determinou a obrigatoriedade da destinação de uma parcela do lucro da empresa para ser distribuída aos empregados. O Decreto-Lei n. 1.971, de 30-11-1982, restringiu o pagamento a apenas 14 salários ao ano a cada empregado de empresas estatais e sociedades de economia mista, incluída no limite a participação nos lucros (art. 9º), revogando expressamente as disposições legais, regulamentares e estatuárias relativas à participação nos lucros (art. 12). O Decreto-Lei n. 2.100, de 28-12-1983, alterou o art. 9º do Decreto-

-Lei n. 1.971/82, limitando o número de salários anuais a 13, ficando ressalvado o direito à participação nos lucros aos empregados admitidos até a vigência do citado diploma legal.

O deputado Queiroz Filho pretendeu implementar a participação nos lucros por meio do Projeto n. 1.929/56, prevendo o *quantum* da participação que seria distribuído aos trabalhadores; deveria ser de no mínimo 30% dos lucros da empresa. Entretanto, esse projeto não foi convertido em lei. Foi apresentado, também, o Projeto n. 531/63, de Juarez Távora.

A Constituição de 1967, no inciso V do art. 158, assegurava "integração do trabalhador na vida e no desenvolvimento da empresa, com participação nos lucros e, excepcionalmente, na gestão, nos casos e condições que forem estabelecidos". Não mais se falava em participação obrigatória dos trabalhadores nos lucros das empresas, admitindo-se, porém, a participação na gestão das empresas, de maneira excepcional. A Carta de 1967 suprimiu a palavra *direta*, com o que se poderia entender que a participação nos lucros pudesse ser estabelecida por outra forma que não diretamente, ou por via indireta, o que daria margem a falar-se que o PIS poderia ter sido instituído com essa finalidade. Estabelecia, ainda, uma forma de integração do trabalhador na vida e no desenvolvimento da empresa. Essas disposições, contudo, continuavam dependendo de lei, que iria estabelecer os casos e condições para tanto.

No âmbito da legislação ordinária, a Consolidação das Leis do Trabalho tem alguns preceitos genéricos sobre participação nos lucros. O Decreto-Lei n. 229, de 28-2-1967, deu nova redação ao art. 621 da CLT, tentado regulamentar a participação nos lucros por meio de convenções ou acordos coletivos, permitindo que estes venham a incluir em suas cláusulas disposições sobre participação nos lucros, demonstrando a possibilidade de um sistema flexível ou de estímulo à flexibilização e à adaptação de cada empresa ao instituto em estudo, de acordo com suas peculiaridades. Trata-se, portanto, de sistema mais democrático de se estabelecer a participação nos lucros das empresas, de modo, inclusive, a verificar as particularidades existentes em cada sociedade, que seriam negociadas com o sindicato na distribuição dos lucros.

Foram apresentados, ainda, os seguintes Projetos de Lei: n. 34/67, do Poder Executivo; 242/67, de Humberto Lucena; 517/67, de Marcos Kertzmann; 479/67, de David Lerer.

O inciso V do art. 165 da Emenda Constitucional n. 1, de 1969, mudou um pouco a redação do direito à participação nos lucros previsto na Lei Magna anterior: "integração na vida e no desenvolvimento da empresa, com participação nos lucros e, excepcionalmente, na gestão, segundo for estabelecido em lei". A participação nos lucros poderia também ser entendida como uma forma de integração na vida e no desenvolvimento da empresa, admitindo-se a participação na gestão de maneira excepcional, porém havia, ainda, a dependência de lei ordinária para regular tais direitos. Uma forma de tentar a participação nos lucros foi a instituição do PIS pela Lei Complementar n. 7, de 7-9-1970, que tinha por objetivo promover a integração do empregado na vida e no desenvolvimento das empresas, porém mais se aproximava de uma participação dos trabalhadores na renda nacional, pois independia do lucro das empresas, mas de seu faturamento.

Nota-se, ainda, do texto constitucional em comentário, que a diferença era que a Carta Magna de 1967 mencionava que a participação seria feita nos "casos e condições que forem estabelecidos" e a Emenda Constitucional usava a expressão "segundo for estabelecido em lei". Argumentava-se, na época, que um dos fatores impeditivos da participação nos lucros seria a forma direta, como era previsto na Constituição de 1946, que excluiria a participação indireta, que seria mais facilmente implementada. Outro argumento seria de que os Tribunais Trabalhistas vinham entendendo que a participação tinha natureza salarial, criando óbice ao empregador de ter de suportar a incidência de encargos sociais sobre a referida participação. Na prática, poucas empresas privadas concederam a participação nos lucros, que apenas foi aplicada em certas empresas estatais.

O § 1º do art. 193 da CLT, na redação da Lei n. 6.514/77, especifica que "o trabalho em condições de periculosidade assegura ao empregado um adicional de 30% sobre o salário sem os acréscimos resultantes de gratificações, prêmios ou *participações nos lucros* da empresa".

Outros Projetos de Lei sobre o tema foram apresentados: n. 2.403/76, de Antunes de Oliveira; 4.397/77, de Octávio Ceccato; 5.606/78, de José Zavaglia; 332/79, de Humberto Lucena; 410/79, de Getúlio Dias; 861/79, de Jorge Arbage; 1.195/79, de Celso Peçanha; 1.209/79, de Antônio Zacharias; 1.399/79, de Freitas Diniz; 1.400/79, de João Faustino; 1.840/79, de Moacir Lopes; 4.480/81, de Benedito Marcílio; 5.870/82, de José Frejat; 5.008/85, de Freitas Nobre; 5.135/85, de Paulo Mincarone; 5.232/85; de Raul Bernardo; 8.411/86, de Floriceno Paixão; 757/88, de Siqueira Campos; 1.013/88, de Paulo Paim; 1.058/88, de Floriceno Paixão; 1.090/88, de Francisco Amaral.

O § 2º do art. 9º do Decreto-Lei n. 1.971, de 30-11-1982, que teve nova redação oferecida pelo Decreto-Lei n. 2.100, de 28-12-1983, assegurou aos servidores, empregados e dirigentes das empresas estatais, cujos estatutos prevejam a participação nos lucros, o direito ao referido benefício; no cálculo não seria incluído o saldo credor da conta de correção monetária.

Apesar da falta de previsão legal, algumas empresas vinham pagando a participação nos lucros a seus empregados, todos os anos, adquirindo, portanto, habitualidade nesse tipo de pagamento. Tal fato importa considerar o referido pagamento como remuneração, pois seria pagamento feito sob forma de percentagem ou uma forma imprópria de gratificação (art. 457, § 1º, da CLT). Foi observando essa situação que a Súmula 251 do TST veio informar que "a participação nos lucros da empresa, habitualmente paga, tem natureza salarial, para todos os efeitos legais". Observa-se, aqui, que o requisito para considerar a participação nos lucros como de natureza salarial era a habitualidade em seu pagamento. Não havendo habitualidade, mas pagamento esporádico da participação nos lucros, não se poderia considerá-la como salário. O STF também entendeu que as gratificações de balanço pagas com habitualidade integram a remuneração do empregado, havendo incidência do FGTS (ac. da 1ª T., v. u., RE 100.086/PE, Rel. Min. Soares Muñoz, j. 18-6-1984, *RTJ* 110/1.144) e da contribuição previdenciária (ac. 2ª T., v. u., RE 77.036-4/SP, Rel. Min. Aldir Passarinho, j. 19-11-1982, *LTr* 47-6/669).

Na Subcomissão dos Direitos dos Trabalhadores da Assembleia Nacional Constituinte que deu origem à Constituição de 1988, falava-se em participação direta nos lucros ou no faturamento da empresa. Na comissão da Ordem Social, utilizou-se a expressão "participação nos lucros ou nas ações, desvinculada da remuneração, conforme definido em lei ou em negociação coletiva". Na Comissão de Sistematização, a redação empregada foi "participação nos lucros, desvinculada da remuneração, e na gestão da empresa, conforme definido em lei ou em negociação coletiva". O Plenário da Assembleia Nacional Constituinte decidiu não determinar que a participação nos lucros fosse especificada mediante convenção ou acordo coletivo. Em primeiro turno de votação, existiu ainda o § 4º do art. 8º do Projeto de Constituição, que dizia que a distribuição dos lucros das empresas rurais seria disciplinada em lei, que atenderia às peculiaridades do âmbito rural.

O inciso XI do art. 7º da Constituição de 1988 ficou, afinal, com a seguinte redação: "participação nos lucros, ou resultados, desvinculada da remuneração, e, excepcionalmente, na gestão da empresa, conforme definido em lei". Nota-se que o citado inciso não é uma norma constitucional de eficácia imediata, mas continua dependendo de lei para que possa ser instituída a referida participação. Também não se faz mais referência a negociação coletiva.

A atual Norma Ápice suprimiu a referência à integração do empregado na vida e no desenvolvimento da empresa, que vinha sendo feita nas Constituições anteriores. Mesmo assim, não se pode dizer que a participação nos lucros tenha, hoje, por base a integração na vida e no desenvolvimento da empresa, pois os objetivos da primeira são totalmente distintos. O § 4º do art. 218 da Lei Magna assegura também que "a lei apoiará e estimulará as empresas (...) que pratiquem sistemas de remuneração que assegurem ao empregado, desvinculada do salário, participação nos ganhos econômicos resultantes da produtividade de seu trabalho".

Foram apresentados ainda os seguintes Projetos de Lei sobre o tema: n. 152/89, de Marco Maciel; 2.009/89, de José Camargo; 2.381/89, de Vilson Souza; 2.382/89, de Amaury Muller; 2.624/89, de José Carlos Coutinho; 3.498/89, de Carlos Alberto Caó; 3.821/89, de Agassiz Almeida; 3.838/89, de Inocêncio de Oliveira. O Projeto n. 155/89, de iniciativa do senador Edson Lobão, foi aprovado no Senado Federal e estava em curso na Câmara dos Deputados, tendo sido modificado por substitutivo do deputado Manoel Moreira, que foi aprovado em 5-12-1990. O Projeto de Lei n. 4.580/90 foi aprovado na Comissão de Finanças e Tributação da Câmara dos Deputados, tratando da participação nos lucros.

É possível dizer que os sindicatos nunca se interessaram diretamente pela participação nos lucros como uma de suas reivindicações até dezembro de 1994. Na prática, sempre foi inviável a imposição por lei quanto à participação nos lucros, dadas as peculiaridades de cada empresa, o que impede a adoção de um texto geral, que seria aplicado indistintamente a todos os empregadores. É certo, porém, que o objetivo da participação nos lucros é o de transformar o trabalhador em parceiro do empregador, visando ao bom e regular funcionamento da empresa. Assim, acaba indiretamente sendo uma forma de integração do trabalhador na vida e no desenvolvimento da empresa, como era previsto na Carta Magna de 1967 e na Emenda Constitucional n. 1/69, embora a Constituição atual não repita a referida expressão.

O governo tentou instituir a participação nos lucros por intermédio de medida provisória. Foram editadas várias nesse sentido. A Medida Provisória n. 794, de 29-12-1994, instituiu a participação nos lucros, porém não foi convertida em lei. A Medida Provisória n. 860, de 27-1-95, tornou a repetir o texto anterior com pequenas modificações, mas também não foi convertida em lei. A Medida Provisória n. 915, de 24-2-1995, reeditou o texto anterior, contudo não foi convertida em lei. A Medida Provisória n. 955, de 24-3-1995, adota praticamente na íntegra o texto da Medida Provisória n. 915, mas, mais uma vez, não foi transformada em lei. A Medida Provisória n. 980, de 25-4-1995, tornou a repetir o conteúdo da medida provisória anterior. O mesmo ocorreu com as Medidas Provisórias n. 1.006, de 25-5-1995; 1.029, de 22-6-1995; 1.051, de 29-6-1995; 1.077, de 28-7-1995; 1.104, de 25-8-1995; 1.136, de 26-9-1995; 1.169, de 26-10-1995; 1.204, de 24-11-1995, 1.239, de 14-12-1995 e 1.276, de 12-1-1996; 1.315, de 9-2-1996; 1.355, de 12-3-1996; 1.397, de 11-4-1996; 1.439, de 10-5-1996; 1.487, de 7-6-1996; 1.487-20, de 9-7-1996; 1.487-21, de 8-8-1996; 1.487-22, de 5-9-1996; 1.487-23, de 2-10-1996; 1.487-24, de 31-10-1996; 1.487-25, de 29-11-1996; 1.539, de 18-12-1996; 1.539-27, de 16-1-1997;1.539-28, de 13-2-1997; 1.539-29, de 13-3-1997; 1.539-30, de 11-4-1997; 1.539-31, de 9-5-1997; 1.539-32, de 10-6-1997; 1.539-33, de 10-7-1997; 1.539-34, de 7-8-1997, que passou a tratar do trabalho em domingos no comércio varejista em geral; 1.539-35, de 4-9-1997; 1.539-36, de 2-10-1997; 1.539-37, de 30-10-1997; 1.539-38, de 27-11-1997; 1.619-39, de 12-12-1997; 1.619-40, de 13-1-1998; 1.619-41, de 12-2-1998; 1.619-42, de 13-3-1998; 1.619-43, de 9-4-1998; 1.619-44, de 12-5-1998; 1.619-45, de 10-6-1998; 1.698-46, de 30-6-1998; 1.698-47, de 30-7-1998; 1.698-48, de 28-8-1998; 1.698-49, de 28-9-1998; 1.698-50, de 27-10-1998; 1.698-51, de 27-11-1998; 1.769-52, de 14-12-1998; 1.769-53, de 13-1-1999; 1.769-54, de 11-2-1999; 1.769-55, de 11-3-1999; 1.769-56, de 8-4-1999; 1.769-57, de 6-5-1999; 1.769-58, de 2-6-1999; 1.878-59, de 29-6-1999; 1.878-60, de

28-7-1999; 1.878-61, de 26-8-1999; 1.878-62, de 24-9-1999; 1.878-63, de 22-10-1999; 1.878-64, de 23-11-1999; 1.982-65, de 10-12-1999; 1.982-66, de 11-1-2000; 1.982-67, de 10-2-2000; 1.982-68, de 9-3-2000; 1.982-69, de 6-4-2000; 1.982-70, de 4-5-2000; 1.982-71, de 1-6-2000; 1.982-72, de 29-6-2000; 1.982-73, de 28-7-2000; 1.982-74, de 28-8-2000; 1.982-75, 27-9-2000; 1.982-76, de 26-10-2000; 1.982-77, de 23-11-2000. Essa medida provisória foi convertida na Lei n. 10.101, de 19-12-2000.

3 Conceito

3.1 Denominação

São encontradas várias denominações para designar a participação nos lucros ou resultados.

Em inglês, usam-se as expressões *profit sharing* (participação nos lucros); *gain sharing* (participação nos resultados).

Em francês, emprega-se a palavra *intéressement* para designar participação nos lucros. *Profit* quer dizer lucro, proveito, benefício, ganho, vantagem. *Résultat* significa resultado. Utiliza-se também a expressão *participation aux bénéfices*.

Em alemão, usa-se a palavra *Gewinnbeteiligung*.

Em espanhol, emprega-se a expressão *participación de utilidades*.

No Brasil, a expressão *distribuição de lucros* está ligada ao Direito Comercial e à legislação do Imposto de Renda, dizendo respeito à distribuição dos lucros aos acionistas ou sócios, mas não aos empregados. Também são usadas as expressões gratificação de lucros; gratificação de balanço, que é utilizada impropriamente para designar a participação nos lucros; gratificação de fim de ano, que pode confundir-se com o 13º salário ou até com o 14º salário, que é pago por algumas empresas, e que nada tem a ver com o lucro da empresa, mas se constitui numa liberalidade do empregador.

A Lei n. 6.404/76 usa a expressão *participação nos lucros para os administradores* (§ 1º do art. 152; § 2º do art. 152), mas também usa a expressão *participação dos empregados* (art. 187, VI), referindo-se à participação nos lucros dos empregados.

Prefiro a expressão *participação nos lucros*, que se refere à participação dos empregados no resultado positivo da empresa, e não de qualquer outra pessoa, como os sócios ou acionistas.

Na prática, é usada a expressão "participação nos lucros ou resultados" (PLR).

3.2 Conceito

No Congresso Internacional de Participação nos Lucros, que ocorreu em Paris em 1889, a participação nos lucros foi definida como a "convenção, livremente feita, pela qual os empregados recebem parte, prefixada, dos lucros".

A Comissão do Senado Americano, em 1939, asseverou que a participação nos lucros se constituiria de "todos os planos de benefício fornecidos ao empregado para os quais o empregador contribui com alguma soma, ou que lhe acarretam alguma despesa".

O Conselho Superior do Trabalho francês, em sessão de novembro de 1923, esclareceu que "participação nos lucros é um contrato em virtude do qual o empregador se compromete a distribuir, como acréscimo ao pagamento do salário normal entre os assalariados da empresa, uma parte dos lucros líquidos, sem participação nos prejuízos".

Participação nos lucros é o pagamento feito pelo empregador ao empregado, em decorrência do contrato de trabalho, proveniente da lei ou da vontade das partes, referente à distribuição do resultado positivo obtido pela empresa, o qual o obreiro ajudou a conseguir. Tal pagamento pode ser decorrente de lei, de norma coletiva, de regulamento de empresa ou do próprio contrato de trabalho.

Há que ser enfatizado no referido conceito que a participação nos lucros, como já afirmado, é o pagamento feito pelo empregador ao empregado em decorrência do contrato de trabalho. Logo, vem a ser um direito do empregado, que inclusive está especificado na Constituição. Um pagamento feito a título de repartição nos lucros que não seja decorrente do contrato de trabalho poderá confundir-se com o pagamento feito aos sócios de uma sociedade pelo resultado positivo obtido pela empresa no final do exercício. O lucro, porém, a ser distribuído é o resultado positivo, não o negativo, pois por definição o empregador é aquele que assume os riscos de sua atividade econômica (art. 2º da CLT), que não pode ser transferida ao operário.

Os lucros serão distribuídos aos empregados à medida que forem apurados e na forma determinada em lei ou pactuada entre as partes, que poderia ser, à primeira vista, semestral ou anual. O ideal é os lucros serem apurados em razão do resultado do exercício, o que normalmente é feito no final de cada ano. É de se ressaltar que o pagamento a título de participação nos lucros não vem a ser um ajuste livremente estipulado pelas partes, pois pode ser compulsório, decorrente de lei, como também da vontade das partes, ou seja, estipulado em acordo, convenção coletiva e até como cláusula do contrato de trabalho. O percentual, uma vez fixado no contrato de trabalho, não pode ser reduzido pelo empregador, em decorrência do art. 468 da CLT, que veda alterações no contrato de trabalho prejudiciais ao trabalhador.

A participação nos lucros é, ainda, condicionada, pois, inexistindo lucros, não haverá o pagamento da participação. Trata-se, portanto, de pagamento suplementar ou complementar em relação ao salário. É, ainda, incerta, pois depende do lucro obtido pela empresa, porque, se a empresa tiver prejuízo, não haverá pagamento a título de participação nos lucros.

Distribuir lucro sem que haja lucro importa descapitalização da empresa.

3.3 Distinção

Antes de prosseguir no estudo da participação nos lucros, é preciso fazer certas distinções entre outros pagamentos ou direitos dos empregados, principalmente porque, na prática, pode haver certa confusão.

3.3.1 *Participação na gestão*

Diferencia-se a participação nos lucros da participação na gestão da empresa. Em primeiro lugar, porque o inciso XI do art. 7º da Constituição emprega a conjunção *e*, mostrando que participação nos lucros é diferente de participação na gestão. Em segundo lugar, a participação na gestão pode ocorrer sem que haja participação nos lucros por parte dos empregados, e vice-versa. Em terceiro lugar, a Lei Maior usa o advérbio *excepcionalmente*, evidenciando que apenas a participação na gestão é excepcional, mas a participação nos lucros será ordinária, comum a todos os empregados, de maneira geral, conforme for previsto na lei. Participar da gestão, contudo, quer dizer participar das decisões da empresa; participar dos lucros significa participar, por exemplo, do resultado positivo obtido pela empresa ao final do exercício.

3.3.2 *Gratificação*

Há necessidade de distinguir a participação nos lucros da gratificação, pois, em muitos casos, as empresas usam o último nome, empregando a expressão *gratificação de balanço*.

A palavra *gratificação* deriva do Latim *gratificare*, que tem o significado de dar graças, mostrar-se reconhecido. No Direito do Trabalho, muitas vezes, a gratificação tem o sentido de pagamento feito como liberalidade pelo empregador; porém, se esse pagamento é feito com habitualidade, passa a integrar a remuneração do empregado, convertendo-se numa obrigação contratual, tacitamente ajustada pelo reiterado pagamento (Súmula 207 do STF).

Muitos acordos só estabelecem valores, mas não tratam da forma efetiva da participação nos lucros, assemelhando-se mais a uma gratificação.

A gratificação, entretanto, não se confunde com a participação nos lucros, porque não exige a existência de lucro no final do exercício para seu pagamento, podendo ser mera liberalidade da empresa, que se mostra satisfeita com os serviços prestados pelos obreiros, pretendendo, assim, recompensá-los. Já na participação nos lucros, havendo prejuízo na empresa, não se poderá pretender distribuir uma coisa inexistente – os lucros –, o que mostra que para a distribuição dos lucros é preciso que estes tenham existido; caso contrário, não poderá haver a referida participação.

Quando a empresa se utiliza impropriamente da expressão *gratificação de balanço*, e esta é dependente dos lucros existentes em certo período (anual ou semestral), trata-se, na verdade, de participação nos lucros. Assim, a suposta gratificação que estiver subordinada à existência de lucros nada mais é do que participação nos lucros.

3.3.3 Prêmio

Não se confunde a participação nos lucros com o prêmio. Este é outorgado unilateralmente pelo empregador, constituindo-se numa liberalidade deste em razão de esforço feito pelo empregado, enquanto a participação nos lucros pode decorrer de previsão legal, de acordo ou convenção coletiva, de regulamento de empresa ou até do contrato de trabalho e necessariamente deverá ser proveniente da existência de lucros. O prêmio não depende necessariamente da existência do lucro, mas de uma condição estabelecida pelo empregador. A participação nos lucros é calculada de acordo com um porcentual sobre os lucros, e o prêmio normalmente é pago num valor fixo.

A participação nos resultados é desvinculada da remuneração. O prêmio tem natureza salarial.

3.3.4 Salário-tarefa

O salário-tarefa também se distancia da ideia de participação nos lucros. No salário-tarefa, ou salário por tarefa, o empregado tem seu salário calculado de acordo com a unidade-tarefa dos serviços realizados. Inexiste dependência dos lucros obtidos pela empresa, mas, de certa forma, da produção do empregado, visto que, quanto mais produz, mais poderá receber a título de salário-tarefa. Pouco importa se a empresa obtém ou não lucro em seu empreendimento, enquanto a participação nos lucros depende necessariamente da existência de lucros. Assim, o salário-tarefa depende do resultado imediato do trabalho do empregado, e não do resultado final obtido pela empresa no decorrer de um ano.

3.3.5 Incentivos para aumento de produção

Distingue-se, também, a participação nos lucros dos incentivos para aumento de produção, pois, nesse caso, o objetivo é apenas estabelecer uma fórmula de pagamento ao empregado em decorrência do aumento de produção. A participação nos lucros não seria um incentivo para aumento de produção, pois o empregado que se esmerar ou não aumentar a produção terá direito à participação nos lucros; no caso do incentivo, porém, aquele que não se esforçar não terá direito ao referido pagamento. A participação nos lucros não tem relação específica com a qualidade e a quantidade do esforço prestado em relação a cada trabalhador.

Não constitui, portanto, a participação nos lucros incentivo à produtividade, como foi dito no art. 1º da Lei n. 10.101/2000, pois nada tem a ver com produtividade, mas com o lucro. A OIT já disse que:

> a participação em lucros e a associação dos trabalhadores à empresa não são incentivos salariais e constituem essencialmente dois tipos de prestações adicionais. Os incentivos de salário são diretamente relacionados com a produção individual de cada trabalhador isolado ou com a produção de cada equipe de trabalhadores. Os pagamentos que os trabalhadores percebem com base nos sistemas de participação nos lucros e de associação guardam relação com os lucros auferidos pelas empresas, que não dependem somente dos esforços da produção dos trabalhadores, mas também da eficiência da direção, da qualidade da maquinaria, da boa organização da produção, dos mercados nacionais e estrangeiros que os vendedores da empresa possam conquistar, da situação geral do mercado, além de outros fatores[1].

3.3.6 *Assiduidade*

A participação nos lucros também não se confunde com o pagamento feito a título de assiduidade, pois a participação depende da existência de lucros, pois, havendo prejuízo, o empregado nada receberá a tal título. Já um pagamento feito a título de assiduidade do empregado dependeria da frequência ao serviço ou de não chegar atrasado no emprego, que é coisa diversa e independe do resultado obtido pela empresa.

3.3.7 *PIS/Pasep*

A participação nos lucros também não se confunde com o PIS/Pasep, que para muitos era uma forma de participação nos lucros instituída com base na Emenda Constitucional n. 1/69.

---

1 OIT. *Los salarios: manual de educación obrera*. 2. ed. Genebra, p. 92.

O PIS (Programa de Integração Social) foi criado pela Lei Complementar n. 7, de 7-9-1970, e o Pasep (Programa de Formação do Patrimônio do Servidor Público) foi instituído pela Lei Complementar n. 8, de 3-12-1970. Pela Lei Complementar n. 26, de 11-9-1975, houve unificação dos dois Fundos, com sua regulamentação sendo feita pelo Decreto n. 78.276, de 17-8-1976.

As referidas normas mostram, portanto, convergências com a participação nos lucros, tendo por objetivo estimular a poupança, corrigir distorções na distribuição de renda e possibilitar a acumulação de recursos, visando ao aumento da produção nacional (art. 1º da Resolução n. 174 do Banco Central, de 25-2-1971). De certa maneira, o sistema do PIS/Pasep vem a ser uma lei de distribuição de renda aos trabalhadores, porém é um instrumento de macroeconomia, que tem por objetivo a participação de todos os trabalhadores no aumento da produção nacional.

O PIS/Pasep tinha por objetivo implementar uma forma de participação do trabalhador na renda nacional, sem se olvidar da participação dos empregados nos lucros das empresas. Tinha, assim, por base o inciso V do art. 165 da Emenda Constitucional n. 1/69, ao mencionar "integração na vida e no desenvolvimento da empresa". Alguns autores chegavam até mesmo a dizer que o PIS/Pasep era forma oficial de participação dos trabalhadores nos lucros das empresas, de maneira indireta. Seria uma forma de participação dos trabalhadores num fundo de âmbito nacional, de distribuição de riqueza global, pois o texto constitucional, na época, não mais dizia que a participação deveria ser direta, podendo, assim, ser indireta. O trabalhador participaria do desenvolvimento econômico global do país e de todas as suas empresas, mediante depósitos bancários individualizados em seu nome.

As obrigações da empresa têm caráter tributário, não se constituindo em encargo social, nem gerando direitos de natureza trabalhista, como se verifica no art. 10 da Lei Complementar n. 7. O parágrafo único do mesmo artigo ainda menciona que as importâncias incorporadas ao Fundo não se classificam como rendimentos do trabalho, para qualquer efeito da legislação trabalhista, previdenciária ou fiscal, e não se incorporam aos salários ou gratificações. Na verdade, nota-se que o PIS vem a ser um fundo fiscal, e não uma forma de participação nos lucros das empresas.

Contribuintes do PIS são as pessoas jurídicas de direito privado e a elas equiparadas pela legislação do Imposto de Renda, tenham ou não finalidade lucrativa. No PIS, há duas contribuições, uma a cargo das empresas, no valor de 0,50% sobre o faturamento, que foi aumentada em 0,125% no exercício de 1975 e 0,25% no exercício de 1976, implicando o importe de 0,75% a partir de 1976. Hoje, o PIS tem mais de uma alíquota, dependendo da atividade da empresa. A parte da União é de 5% do Imposto de Renda devido pelas empresas. O Pasep tem seu custeio feito da seguinte forma: 1% das receitas correntes da União, dos Estados e dos Municípios; 2% das transferências recebidas pelos Estados e Municípios, por meio do Fundo de Participação dos Estados, Distrito Federal e Municípios; 0,8% da receita orçamentária das autarquias, empresas públicas, sociedades de economia mista e fundações públicas.

Como se verifica, não há qualquer participação dos trabalhadores, muito menos nos lucros, daí por que se falar em redistribuição de rendas ou até em pecúlio do trabalhador, como afirma Octávio Bueno Magano[2]. Afirma o referido professor que:

> considerando-se que as disparidades de rendas entre as diversas camadas da população constituem fatores de desagregação social, não há a menor dúvida de que o PIS e o Pasep, como instrumentos de redistribuição de renda, destinados a corrigir as apontadas disparidades, constituem uma forma de integração. Pode-se mesmo acrescentar que representam a primeira etapa de um processo integrativo a culminar, no correr do tempo, com a plena aplicação da regra de integração prevista no texto constitucional, num quadro de macroeconomia[3].

O PIS/Pasep é, porém, um fundo gerido pelo governo federal. A participação em estudo é calculada sobre os lucros, enquanto o PIS é calculado sobre o faturamento. Isso mostra a distinção entre ambos. O PIS tem por objetivo assegurar a participação do trabalhador no aumento da renda nacional, e não no lucro da empresa. Seria uma forma de distribuição de renda.

Participantes do PIS são todos os empregados definidos na legislação trabalhista, assim como os trabalhadores avulsos. Os participantes do

2 Participação em lucros e programa de Integração Social. *Revista do TRT da 8ª Região* (separata), n. 15, 1975, p. 53.

3 Idem, p. 54-55.

Pasep são os funcionários públicos ou titulares de emprego regidos pela legislação trabalhista.

Os saques do saldo total do PIS/Pasep eram permitidos nos casos de: a) aposentadoria; b) casamento; c) morte; d) transferência para a reserva remunerada, reforma ou invalidez (art. 4º da Lei Complementar n. 26). Os trabalhadores cadastrados há pelo menos cinco anos que recebiam salário mensal igual ou inferior a cinco salários mínimos teriam direito a abono anual de um salário mínimo, o que mostra tratar-se de uma forma de renda complementar, ou, como alguns o chamavam, na prática: instituição do 14º salário. Evidencia-se, também, com isso, que o PIS/Pasep não se confunde com a participação nos lucros, pois, na verdade, vem a ser uma forma de redistribuição de renda, a qual o empregado não ajuda a custear.

A Lei Complementar n. 19, de 25-6-1974, e seu regulamento, Decreto n. 74.333, de 30-7-1974, atribuíram ao Banco Nacional de Desenvolvimento Econômico (o antigo BNDE) a aplicação dos recursos gerados pelo PIS e pelo Pasep, observadas as seguintes prioridades: produção de insumos; produção de equipamentos básicos; expansão do mercado interno para equipamentos nacionais (Finame); infraestrutura; sistemas de distribuição e comercialização de mercadorias de consumo básico; fortalecimento da empresa privada nacional; operações no mercado de capitais – esta última hipótese foi prevista no Decreto n. 76.342, de 27-9-1975.

O art. 239 da Constituição estabeleceu que a partir de 5-10-1988 o PIS e o Pasep iriam custear, nos termos da lei, o programa de seguro-desemprego, outras ações de previdência social e o abono do PIS. O seguro-desemprego foi regulado por meio da Lei n. 8.019, de 11-4-1990. O § 2º do art. 239 da Lei Magna especificou que haveria preservação dos patrimônios do PIS e do Pasep, mantendo-se os critérios de saque de acordo com os casos previstos na lei, eliminando-se a hipótese de saque por motivo de casamento. Ficou vedada, também, a distribuição da arrecadação do PIS/Pasep para depósito nas contas individuais dos participantes, ou seja: houve a cessação dos depósitos nas contas individuais dos trabalhadores.

Declara o § 3º do art. 239 da Lei Magna que aos empregados que percebam até dois salários mínimos de remuneração mensal é assegurado o pagamento de um salário mínimo anual, já computado nesse valor o rendimento das contas individuais, no caso daqueles que participavam anteriormente do sistema até a data da promulgação da Norma Ápice. Ainda se exige como requisito o fato de que o trabalhador esteja cadastrado há pelo menos cinco anos no PIS ou no Cadastro Nacional do Trabalhador para o recebimento do referido benefício. Isso mostra que, a partir da Constituição de 1988, o sistema do PIS/Pasep não se confunde mesmo com a participação nos lucros, pois sua arrecadação é destinada a custear o seguro-desemprego e o abono do PIS é pago aos trabalhadores que ganhem até dois salários mínimos.

Os trabalhadores que tinham direito ao saque dos rendimentos continuam podendo fazê-lo. O saldo total poderá ser sacado em caso de: a) aposentadoria; b) invalidez permanente; c) reforma militar; d) transferência para a reforma remunerada; e) morte do participante.

Os valores não recebidos em vida pelo empregado serão pagos aos dependentes habilitados perante a Previdência Social e, em sua falta, aos sucessores previstos na lei civil, indicados em alvará judicial, independentemente de inventário ou de arrolamento (art. 1º da Lei n. 6.858, de 24-11-1980). As quotas atribuídas a menores ficarão depositadas em caderneta de poupança, rendendo juros e correção monetária, e só serão disponíveis após o menor completar 18 anos, salvo autorização judicial para compra de imóvel destinado à residência do menor e de sua família (§ 1º do art. 1º da Lei n. 6.858/80).

O PIS/Pasep tem, ainda, uma atividade administrativa vinculada exercida pelo Estado, que constitui o crédito com o lançamento fiscal, verificando sua exatidão, o que não ocorre na participação nos lucros, que não tem essa característica.

Não há, portanto, semelhança entre a participação nos lucros e o PIS/Pasep.

3.3.8 Participação nos lucros dos administradores

A participação nos lucros dos empregados na empresa não se confunde com a participação nos lucros dos administradores, prevista no § 1º do art. 152 da Lei n. 6.404/76, que utiliza a mesma expressão. A participação nos lucros dos administradores (distribuição de lucros) é facultativa e dependente do estatuto, como se observa na norma referida, porém os administradores terão referido direito desde que seu total não ultrapasse a remuneração anual dos administradores nem um décimo dos lucros, prevalecendo o limite que for menor, não tendo direito a ela no exercício em que não for assegurado o dividendo obrigatório aos acionistas. A participação nos lucros dos empregados, contudo, diz respeito a pessoas que ajudaram a conseguir os lucros na empresa, porém não são administradores ou sócios da última, mas têm regime de subordinação com ela.

3.3.9 *Participação no capital*

Diferencia-se, ainda, a participação nos lucros da participação no capital; nesta última, o empregado teria ações ou quotas da empresa. A participação nos lucros não diz respeito à participação do empregado no capital da empresa, mas à participação no resultado positivo obtido pela empresa ao final de certo período de tempo, geralmente um ano.

Os arts. 463 e 458 da CLT indicam que o salário pode ser pago em dinheiro ou em utilidades. Estabelece o parágrafo único do art. 82 da CLT que 30% do salário mínimo será pago em dinheiro e 70% poderá ser pago em utilidades. Isso significa que são apenas duas as formas de pagamento de salário: em dinheiro ou em utilidades. Não há previsão de pagamento de salário com ações. Logo, não é possível o pagamento de salário por meio de ações, que não representam moeda corrente no país (art. 463 da CLT). Existe, portanto, vedação expressa de pagamento de salário fora das hipóteses mencionadas.

Determina o art. 2º da CLT que o empregador é quem participa dos riscos do empreendimento e não o empregado. Se as ações perdem seu valor, em razão da queda de sua cotação nas Bolsas de Valores, o empregado está tendo prejuízo, sendo que o poder de compra de seu salário fica prejudicado.

3.3.10 *Tributo*

A participação nos lucros também não se confunde com tributo. Este é instituído em lei e cobrado mediante atividade administrativa plenamente vinculada (lançamento), conforme o art. 3º do Código Tributário Nacional. Quando a participação nos lucros for prevista em lei, estará complementado o dispositivo constitucional, porém sua natureza não será de tributo, pois inexiste atividade administrativa plenamente vinculada a ser exercida, até porque não é o Estado que a arrecada.

3.3.11 *Comissões*

A participação nos lucros difere das comissões, pois estas são calculadas sobre as vendas efetuadas pelo empregado, enquanto a primeira é calculada sobre o lucro líquido da empresa em determinado período, que geralmente é de um ano. As comissões independem do lucro obtido pelo empregador em seu empreendimento, enquanto a participação nos lucros depende diretamente do referido fato. A participação nos lucros dependerá da forma de gestão do empregador sobre seu empreendimento, que, se for bem-feita, gerará lucro. As comissões não dependem dessa gerência. Havendo ou não lucro na transação, o empregado tem direito às comissões. As comissões dependem de atuação direta do empregado nas vendas dos produtos da empresa, enquanto na participação nos lucros isso não ocorre.

3.3.12 *Gorjetas*

Difere a participação nos lucros da gorjeta. Esta tem natureza de remuneração. A participação nos lucros é desvinculada da remuneração. Mesmo não havendo lucro, o empregado tem participação nos pagamentos feitos pelo cliente ao empregador, no caso das gorjetas cobradas como taxa de serviços. A participação nos lucros é calculada sobre o lucro, enquanto a gorjeta geralmente é um adicional à nota de serviço, que seria o preço do serviço e não o lucro.

3.3.13 *Resultados*

Distingue-se lucro de resultado. Lucro é a soma das receitas da empresa, menos suas despesas. É, portanto, um resultado positivo. Resultado diz respeito a metas, objetivos que devem ser cumpridos pelo empregado para ter direito ao pagamento de um valor.

4

Fundamentos

Não deixa de ser a participação nos lucros uma forma moderna, decorrente do capitalismo, de integração do trabalhador na empresa, por meio da divisão dos resultados obtidos pelo empregador com a colaboração do empregado. Não se pode dizer, portanto, que a participação nos lucros é forma de resolver a questão social. O fundamento da participação nos lucros está em que o empregador e o empregado contribuíram diretamente para que se alcançasse o lucro na empresa, ou seja, o capital e o trabalho participaram diretamente da obtenção do lucro. É uma forma de o trabalhador passar a participar da vida e do desenvolvimento da empresa, de maneira a cooperar com o empregador no desenvolvimento da atividade deste último. Com isso se teria por objetivo evitar greves, amenizar as desconfianças e hostilidades dos empregados em relação aos empregadores, permitindo, até mesmo, o melhor funcionamento da empresa.

A participação nos lucros induz um sistema de flexibilização de direitos, pois o próprio art. 621 da CLT permite que seja estabelecida por acordo ou convenção coletiva, que proporciona melhor adaptação às peculiaridades de cada empresa.

5

Classificação

As classificações não são certas ou erradas, mas úteis ou inúteis para o efeito do estudo de determinado instituto. A participação nos lucros pode, assim, ser classificada quanto à origem, à natureza, à modalidade, ao critério de distribuição, à fonte de lucros, à época do pagamento aos empregados beneficiados.

No que concerne à *origem*, a participação nos lucros poderia ser contratual, decorrente do contrato de trabalho; convencional, estipulada por meio de acordo, convenção ou contrato coletivo de trabalho; e legal, quando proveniente de lei. Se a participação for contratual, pode ser tácita ou expressa. Tácita, quando é paga reiteradamente sem qualquer ajuste expresso das partes. Expressa, quando as partes ajustam a participação, podendo ser verbal ou escrita.

Quanto à *natureza*, a participação nos lucros pode ser obrigatória ou facultativa. A obrigatória é imposta por lei, como a decorrente da Constituição de 1946, que previa a obrigatoriedade da participação nos lucros das empresas por parte do trabalhador. Depreende-se do inciso XI do art. 7º da Lei Maior de 1988 que a participação nos lucros é facultativa, isto é, não é obrigatória, como mencionava a Constituição de 1946, dependente da lei ordinária para definir suas características. Só haverá obrigatoriedade de participação nos lucros nos termos em que a lei ordinária a estabelecer, de acordo com seus critérios, que podem, inclusive, indicar a facultatividade em sua instituição, como, por exemplo, apenas em empresas com mais de 100 empregados etc. Enquanto isso, as empresas podem ou não a conceder.

Quanto à *modalidade*, a participação nos lucros pode ser direta, indireta ou mista. A Constituição de 1946 preconizava a participação direta nos lucros, que poderia ser um pagamento em dinheiro, calculado sobre o lucro líquido existente no final do exercício. Na participação nos lucros indireta, o pagamento não é feito diretamente ao empregado, mas podem ser idealizados sistemas de pagamento com objetivos sociais, como de refeitórios, colônias de férias, grêmios, moradias para empregados, em que o obreiro não se beneficia diretamente de tais vantagens, mas indiretamente, num sentido coletivo. A atual Constituição não faz distinção entre participação nos lucros direta ou indireta, mostrando que tal critério pode ser delegado à lei ordinária, que adotará um ou outro, ou até mesmo um critério misto, que compreenda pagamento direto e benefícios sociais ao empregado. A participação mista tem aspectos diretos e indiretos.

Quanto ao *critério de distribuição*, a participação nos lucros poderá ser coletiva ou individual. Na participação individual, cada trabalhador terá individualizada sua quota, como, por exemplo, dividindo-se o lucro líquido do exercício pelo número de empregados existentes na empresa. Na participação coletiva, pode-se adotar um critério de pagamento coletivo a todos os empregados, sem individualizá-los, como um sistema de distribuição de ações que ficariam em poder do sindicato para uso de natureza coletiva aos empregados, ou a instituição de um fundo com a mesma finalidade.

No que diz respeito à *fonte de lucros*, a participação seria geral ou parcial. Na geral, o lucro seria distribuído em relação a todos os empregados da empresa. Na parcial, apenas alguns setores ou seções é que teriam a distribuição dos lucros, como os setores mais produtivos, os que não foram deficitários etc.

Quanto à *época do pagamento*, pode ser imediata ou diferida. A imediata importa pagamento da participação nos lucros dentro de um período curto de tempo após o levantamento do balanço, como de 30 dias após o encerramento do exercício etc. A participação diferida seria seu pagamento a longo prazo, até mesmo como forma de capitalização, mantendo-se, *v. g.*, os lucros numa conta corrente que só seria utilizada em caso de necessidade do empregado, como em caso de doença, aposentadoria, morte, invalidez etc. Poderia também ser utilizado um critério misto, em que parte do pagamento seria imediata e o restante seria capitalizado, para uso no futuro.

Quanto aos empregados beneficiados, pode compreender a totalidade dos trabalhadores da empresa ou apenas uma parte deles.

Quanto à natureza do pagamento da participação: a) salarial: tendo repercussão em outras verbas, como férias etc.; b) não salarial, que não tem reflexo em qualquer outra verba, nem sofre a incidência de contribuições.

Quanto à forma do pagamento da participação: a) pecuniária, com recebimento em dinheiro; b) acionária, com o pagamento em ações da empresa.

Outros critérios poderiam ser observados em relação à participação nos lucros, como: a) planos de percentagem para aposentadoria, acumulada com fundo fiduciário; b) os dividendos-salários (*wage dividends*), em que a participação nos lucros é determinada conforme o dividendo pago aos acionistas; c) as participações em ações, em que o empregado se torna acionista (*stockownership*); d) planos de bonificações periódicos (*bonus plans*).

Na era da globalização, é claro que será interesse do empregador instituir um sistema de remuneração pela produtividade do empregado, pois seria uma forma de, com maior produtividade, a empresa poder concorrer com outras, de modo até mesmo a sobreviver no mercado. No Japão, 30% dos salários são fixos e 70% variáveis. Em alguns países, há pagamentos variáveis, como bônus, participações do empregado etc. A parte variável leva em conta o desempenho do empregado e, às vezes, o da empresa.

A Lei n. 10.101/2000 de participação nos lucros ou resultados da empresa permite uma forma de remuneração variável. Para o empregador, até seria interessante que houvesse apenas o pagamento de participação nos lucros ou resultados, sem qualquer pagamento de salário, pois não existiria o recolhimento de nenhum encargo social sobre a referida verba. Entretanto, o empregado não pode receber pagamento exclusivamente a título de participação nos lucros ou resultados, pois a álea do negócio recairia sobre o empregado, o que é vedado pelo art. 2º da CLT, que dispõe que os riscos da atividade econômica são do empregador.

Também se poderia dizer de o empregador pagar salários ao empregado se tiver lucro. Caso não o auferisse, não faria pagamentos ao empregado. Isso é impossível. De outro lado, a participação nos lucros é desvinculada da remuneração, não tendo natureza salarial. Assim, não poderia haver pagamento exclusivamente a título de participação nos lucros, mas há necessidade de se pagar ao empregado pelo menos um salário mínimo.

Caso a participação nos lucros seja negociada com o sindicato, a matéria é de Direito Coletivo, pois será implementada por convenção ou acordo coletivo.

6
Natureza Jurídica

As teorias que informam a respeito da natureza jurídica da participação nos lucros podem ser enumeradas em três. A primeira teoria é a que considera a participação nos lucros como salário. A segunda teoria entende que sua natureza jurídica decorre do contrato de sociedade. A terceira assevera que seria uma espécie de contrato *sui generis*, que configuraria forma de transição entre o contrato de trabalho e o contrato de sociedade.

O fundamento para considerar a participação nos lucros como salário está estampado no *caput* e no § 1º do art. 457 da CLT. Primeiro, porque é uma contraprestação paga pelo empregador ao empregado, tendo caráter de retribuição. Segundo, pelo fato de que poderia confundir-se com a gratificação ou uma forma de percentagem. Havendo o requisito habitualidade, somado aos anteriormente mencionados, considera-se que a participação nos lucros tem natureza salarial. Poder-se-ia dizer que tudo o que excedesse as disposições do ajuste contratual entre empregado e empregador teria natureza de salário desde que habitual seu pagamento, tendo reflexos em outras verbas. Ao se analisar o art. 63 da CLT, que estabelece que a condição de interessado (quando o trabalhador tem participação nos lucros) não vai excluir a condição de empregado, já se pode entender, *a contrario sensu*, que o pagamento da participação nos lucros só pode ter natureza de salário[1].

Decorrendo do contrato de trabalho, o pagamento feito pelo empregador ao empregado a título de participação nos lucros só poderia ter

1 MARANHÃO, Délio. *Direito do trabalho*. 16. ed. Rio de Janeiro: Fundação Getulio Vargas, 1992, p. 167.

natureza de salário[2], seria uma cláusula de índole salarial incluída no contrato de trabalho, daí sua natureza salarial[3], principalmente porque não deixa de ser, de certa forma, um complemento da remuneração.

Nada impediria que, em razão da habitualidade, se considerasse tacitamente ajustado, com base na orientação analógica da Súmula 152 do TST. Não se trata, portanto, de mera liberalidade. Muitas vezes, o que se observa é que o empregador poderia pretender estabelecer a participação nos lucros por meio de acordo ou convenção coletiva, tendo por ideia que, expirado seu termo, haveria necessidade de outras negociações, que novamente poderiam incluir ou não a participação nos lucros nas reivindicações.

Entretanto, essa orientação pode ser questionada sob o aspecto de que o § 1º do art. 1º da Lei n. 8.542 determinava a incorporação das cláusulas dos acordos, convenções e contratos coletivos nos contratos de trabalho, só podendo ser modificadas pelos mesmos tipos de normas editadas posteriormente. Esclarece Mozart Víctor Russomano que:

> a participação nos lucros não é a proteção declarada de uma classe, em detrimento das demais. Há prejuízo, evidentemente, para o empregador, se tomarmos o termo em seu sentido estreito de maior ou menor rendimento. O próprio empregador, no entanto, extrairá vantagens da nova situação, que será um elemento de real valia para o melhor entendimento entre os homens. Se não fosse um benefício à comunidade, o Estado não teria o direito de impor a participação salarial nos lucros. O bem-estar de todos depende do bem-estar de cada um e a sociedade não será, nunca, feliz se a miséria de muitos empanar a ventura de poucos[4].

É, portanto, a participação nos lucros uma forma de salário variável.

A Súmula 251 foi aprovada pela Resolução n. 17/85 do TST, publicada no *DJU* de 13, 14 e 15-1-1986. Tinha a seguinte redação: "A parcela

---

2 CATHARINO, José Martins. *Tratado jurídico do salário*. São Paulo: LTr, 1994, p. 330.

3 SÜSSEKIND, Arnaldo. *Comentários à CLT*. Rio de Janeiro: Freitas Bastos, 1964, v. III, p. 361.

4 RUSSOMANO, Mozart Victor. *O empregado e o empregador no direito brasileiro*. São Paulo: LTr, 1986, p. 497.

participação nos lucros da empresa, habitualmente paga, tem natureza salarial, para todos os efeitos legais". Foi editada com fundamento no § 1º do art. 457 da CLT, conforme a referência contida na publicação do referido verbete. Teve por base os seguintes precedentes:

> Participação nos lucros. 1. A participação deve ser tida como ajustada quando repetido o seu pagamento, ininterruptamente, por longo tempo, como ocorreu no caso em tela, em que o empregado a recebeu durante 10 anos. É que a CLT não exige expresso o ajuste das gratificações (CLT, art. 457, 1º). 2. Tem natureza salarial a participação nos lucros, que a Constituição incentiva, embora não a tenha, ainda, regulamentado em lei. 3. Embargos conhecidos e providos, para ser restabelecida a sentença da Junta de origem (ERR 2.905/79, TP, Rel. Min. Coqueijo Costa, j. 22-9-1983, *DJU* 14-10-1983).
>
> A liberalidade da instituição se cristaliza em direito que se integra no patrimônio do prestador, na medida em que há a reiteração da sua prática (ac. da 1ª T. 2.757/85, RR 1.246/84, Rel. Min. Ildélio Martins, j. 26-6-1985).

Esse acórdão tomou por base a orientação de que a participação nos lucros paga com habitualidade caracteriza salário.

> A gratificação de participação nos lucros tem natureza salarial e deve ser incorporado o respectivo valor nas verbas indenizatórias. O fato de ser variável o *quantum* não retira o caráter contratual da vantagem (ac. da 1ª T. 801/80, RR 3.050/79, Rel. Min. Raymundo de Souza Moura, j. 20-5-1980, *DJU* 11-8-1980).
>
> As vantagens criadas por ato de liberalidade do empregador e pagas com habitualidade são de natureza salarial. Revista provida apenas para excluir da condenação a repercussão da participação nos lucros nas férias (ac. da 1ª T. 4.109/85, RR 2.489/84, Rel. Min. José Ajuricaba, j. 24-9-1985).

Esse acórdão entendeu que "os períodos de férias integram o lapso de tempo coberto pela gratificação de balanço, e sendo assim sua integração constitui pagamento sobre pagamento pela mesma causa". Em razão de a participação nos lucros ser anual, foi excluída sua integração nas férias.

> Recurso de revista conhecido em parte e provido, apenas, quanto a um dos tópicos em que dele se conheceu. A gratificação de balanço,

> tendo natureza salarial, reflete-se no cálculo do "13º salário". O "contador" de casa bancária exerce posição de eminência na organização administrativa da empresa, que o capitula no § 2º do art. 224 da CLT (ac. da 2ª T. 1.565/81, RR 309/81, Rel. Min. Mozart Víctor Russomano, j. 16-6-1981, *DJU* 3-8-1981).
>
> As gratificações de férias e participação são salários, e, como tal, integram a natalina. Quando o empregado falta ao serviço, lícito à empresa descontar com a perda consequente do repouso remunerado. Revista do empregado conhecida e provida parcialmente. Revista da empresa provida (ac. da 2ª T. 4.195/81, RR 5.563/81, Rel. Min. Marcelo Pimentel, j. 7-12-1981).
>
> Gratificação denominada PL – Participação nos Lucros, instituída nos estatutos da empresa. É evidente a sua natureza salarial, devendo integrar o salário para cálculo das férias, 13º salário e as verbas rescisórias. Revista provida em parte (ac. da 2ª T. 3.620/84, RR 6.314/83, Rel. Min. Pajehú Macedo Silva, j. 13-11-1984).

Esse acórdão esclareceu, ainda, que "a circunstância da gratificação ser variável ou dependente da existência de lucro não elide a natureza salarial. Verificadas as condições de percepção da gratificação, o seu pagamento assume caráter salarial".

> Verbas de caráter salarial, tais como gratificação por tempo de serviço e participação nos lucros, integram o salário. Revista parcialmente provida (ac. da 3ª T. 52.683, RR 3.979/82, Rel. Min. Luiz Roberto de Rezende Puech, j. 16-3-1983).
>
> I – Não se conhece de revista que pressupõe o reexame de matéria fática, que ataca decisão proferida em consonância com súmula do TST, e que aborda temas não tratados pela v. decisão revisanda. II – A participação nos lucros, paga com habitualidade, ajusta-se tacitamente ao contrato, integrando o salário (ac. da 3ª T. 2.572/85, RR 3.390/84, Rel. Min. Orlando Teixeira da Costa, j. 26-6-1985).
>
> I – A participação nos lucros é salário. II – Não se conhece de revista quanto a tema não prequestionado (ac. da 3ª T. 2.456/85, RR 2.703/84, Rel. Min. Orlando Teixeira da Costa, j. 25-6-1985).
>
> A participação nos lucros deve ser paga ao empregado proporcionalmente ao tempo em que ele trabalhou, no ano, para o empregador (ac. da 3ª T. 258/85, RR 5.082/83, Rel. Min. Orlando Teixeira da Costa, j. 4-3-1985).

> Recurso a que se nega provimento, para reconhecer como integrantes dos cálculos indenizatórios as parcelas dos prêmios decenal e vintenal e gratificação de participação nos lucros, porque reconhecidamente recebidas com habitualidade (ac. da 3ª T. 4.210/83, RR 4.950/82, Rel. Min. Guimarães Falcão, j. 13-12-1983).

A Resolução n. 33 do TST, de 27-4-1994, cancelou a Súmula 251 daquela Corte. O motivo do cancelamento do referido verbete deu-se "tendo em vista o disposto no inciso XI do art. 7º da Constituição Federal de 1988, que desvincula da remuneração a participação nos lucros da empresa". A partir de agora, há dúvida a respeito do pagamento que o empregador fizer ao empregado a título de participação nos lucros, se vai realmente se tratar de salário ou não. Pode ser que o TST tenha o entendimento de que a norma é autoaplicável, sendo que, doravante, a participação nos lucros que for paga ao empregado estará desvinculada da remuneração, embora não seja esse o meu pensamento.

Quando da edição da lei ordinária sobre participação nos lucros, sua natureza jurídica já não será de salário, como admitia a jurisprudência (Súmula 251 do TST), com base no § 1º do art. 457 da CLT, pois a referida participação será desvinculada da remuneração, de acordo com o que especifica o inciso XI do art. 7º da Lei Maior. É claro que seria muito melhor para o empregador que ele pudesse pagar apenas participação nos lucros a seus empregados; em contrapartida, poderia atribuir um salário muito menor. De outro modo, a maior parte do que o empregador fosse saldar ao empregado não iria ter a incidência do FGTS ou da contribuição previdenciária, pois, a partir da existência da lei ordinária específica, a participação nos lucros estaria desvinculada da remuneração.

De certa forma, tem razão Gide ao mencionar que a participação nos lucros é um verdadeiro casamento entre empregado e empregador, porém com separação de bens, pois o empregado não é o dono da empresa.

A tese de que a participação nos lucros seria decorrente do contrato de sociedade deixou de subsistir. A referida orientação diria respeito a que a participação nos lucros decorre do contrato de sociedade, da *affectio societatis*, de que os sócios têm um objetivo comum: conseguir lucros por meio do empreendimento que pretendem realizar. Assim, se a participação nos lucros fosse conferida ao empregado, teria a característica de contrato de sociedade.

Ocorre, contudo, que nem todo pagamento feito ao empregado é salário, como as gorjetas que são pagas por terceiros (clientes); nem todo pagamento decorre apenas do trabalho do empregado, mas pode ser proveniente de um esforço indireto do empregado de produzir bens e serviços para a empresa, que resulta, ao final, num benefício, que seria a participação nos lucros que ajudou a conseguir para o empregador. Pinto Antunes também afirma que a participação nos lucros seria um contrato misto ou "promíscuo", havendo "uma dupla situação na vida empresária, a de empregado subordinado e a de sócio, e cada uma delas sujeita a direito e a processos distintos"[5].

Na verdade, a participação nos lucros é simples decorrência ou efeito do contrato que lhe dá causa ou é o principal. Se decorre do contrato de trabalho, não pode ter natureza de contrato de sociedade, a não ser que o empregado tenha quotas ou ações na empresa, o que é diferente. Assim, a participação nos lucros não pode ser considerada um contrato próprio. Se o empregado é assalariado e subordinado ao empregador, a participação nos lucros decorre do contrato de trabalho, e não do contrato de sociedade, pois falta ao obreiro a *affectio societatis*, ínsita ao segundo contrato. Ao contrário, se a pessoa tem quotas ou ações na sociedade, a participação nos lucros será proveniente da condição de sócio ou de acionista, porém o empregado pode participar dos lucros, mas não das perdas. O fato de o empregado colaborar com o empregador a produzir lucros não o torna sócio do último, nem implica que se associe ao patrão.

A participação nos lucros não se constitui num contrato de sociedade, pois o empregado continua não assumindo os riscos da atividade econômica da empresa, nem, normalmente, tem qualquer quota ou ação do capital da empresa. A participação nos lucros não implica, portanto, participação nas perdas, nem observância da *affectio societatis*, isto é, a existência de comunhão de direitos e obrigações entre empregado e empregador, de cooperação, visando atender aos interesses empresariais do último. Mesmo havendo participação nos lucros em relação aos empregados, o contrato de trabalho continua em vigor, o que mostra que o empregado não passa a ser sócio de seu empregador, a não ser que detenha quotas ou ações em montante suficiente a influir nos destinos da empresa.

---

5 *RF* 99/38.

Se a participação nos lucros tivesse natureza de contrato de sociedade, poderia dar origem a fraudes em relação ao empregado, que ficaria desamparado das determinações da lei trabalhista. Se a participação nos lucros decorre, contudo, de imposição legal, não há que se falar em contrato, que pressupõe acordo de vontades.

Esclarece Amauri Mascaro Nascimento que:

> a tese da participação nos lucros como contrato *sui generis* parte do pressuposto de que a sua instituição indica o início da sonhada fase de transição entre o regime do salário e o regime da sociedade, situando-se o sistema de participação exatamente como a ponte através da qual serão percorridos os caminhos que permitirão, ao trabalhador, afastar-se da sua condição desfavorável, como segmento social, para situar-se em posição melhor, ao lado do capital e usufruindo das vantagens dele. Aceita essa tese, a participação nos lucros não é salário, mas também não faz do assalariado um sócio do empregador. Não fica descaracterizada a relação de emprego, ideia melhor do que a anterior[6].

Não vem a ser a participação nos lucros, porém, uma forma de indenização, pois esta pressupõe a ocorrência de dano.

Quando o empregado participa dos lucros costuma-se chamá-lo de "interessado". Nessa condição de interessado, o art. 63 da CLT é claro ao dizer que o fato de haver participação nos lucros não o impedirá de receber horas extras, caso as preste.

Pode-se dizer que, a partir da edição da lei ordinária sobre participação nos lucros, a referida participação será uma forma de complementação do salário, uma espécie de benefício decorrente do contrato de trabalho. É um benefício condição. Benefício no sentido amplo, e não do benefício concedido pelo INSS. Como é uma forma de participação, não é salário. O próprio nome diz: se é participação, não é exatamente salário. Trata-se de um pagamento condicionado, ou seja, o pagamento só será feito na ocorrência de lucros, o que mostra que, existindo prejuízo, não haverá pagamento.

---

6 NASCIMENTO, Amauri Mascaro. *Direito do trabalho na Constituição*. São Paulo: Saraiva, 1989, p. 150.

Na verdade, a participação nos lucros é forma de participação do empregado na empresa, mediante a distribuição dos lucros desta última, os quais o trabalhador ajudou a conseguir. O empregado não se torna sócio do empregador, nem fica descaracterizado o contrato de trabalho, evidenciando que a natureza jurídica da participação nos lucros seria a de uma forma de transição entre o contrato de trabalho e o contrato de sociedade, ou seja, poderíamos, à primeira vista, dizer que teria uma natureza mista ou *sui generis*, uma prestação aleatória, dependente da existência de lucro, porém a característica principal, ao contrário, decorre do contrato de trabalho, em razão da condição de empregado e da manutenção da subordinação, e não da condição de sócio. É um direito do empregado.

7

Fontes

A participação nos lucros pode ser decorrente de lei, do contrato de trabalho, do regulamento da empresa, de acordos ou convenções coletivas ou de outras determinações da empresa. Não poderá, entretanto, ser imposta mediante dissídio coletivo, por falta de norma autorizadora nesse sentido à Justiça do Trabalho enquanto inexistir a lei ordinária sobre participação nos lucros[1]. A partir do momento da existência de norma

1 Apesar de entendermos que a Justiça do Trabalho não pode estabelecer a participação nos lucros por meio de dissídio coletivo enquanto inexistir lei sobre o assunto, e que o poder normativo só pode ser exercitado nos termos da lei, o TRT da 2a Região determinou a participação nos lucros por meio de sentença normativa em relação à empresa Telecomunicações de São Paulo S.A. – Telesp: "Participação nos lucros – inépcia da inicial – Fundamentos legais. Não prospera a preliminar de inépcia da inicial por alegada falta de fundamento jurídico ao pedido de participação nos lucros, ante os arts. 7o, XI, e 5o, LXXI, da Constituição Federal, bem como face ao art. 621 da CLT. Neste sentido, a alegação de que a participação em tela dependeria ainda de regulamentação ordinária constitui meia verdade. Participação nos lucros – Poder normativo – Supletividade. O art. 621 da CLT continua facultando a empregados e empregadores a autocomposição sobre a questão participativa dos lucros. Frustrada a negociação coletiva, o § 2o do art. 114 da Constituição Federal prevê a possibilidade de intervenção estatal mediante o exercício do poder normativo pela Justiça do Trabalho. Participação nos lucros – Natureza – Conceituação. Estabelecida previamente a diferença de natureza entre o salário, como rendimento certo e definido contratualmente, e a renda auferida pelo participante nos lucros, notoriamente incerta, na medida em que incorpora a própria natureza de risco de sua fonte originária, pode-se definir essa participação como sendo o montante como tal apurado em cada exercício social da empresa,

sobre participação nos lucros, a Justiça do Trabalho terá competência para dirimir a questão.

Contudo, outros obstáculos poderão levar ao descredenciamento da Justiça do Trabalho para julgar dissídios coletivos sobre participação em lucros, como, principalmente, a falta de assessoria técnica dos Tribunais Trabalhistas, principalmente contábil e financeira, para se apreciar a questão dos lucros e como devem ser distribuídos. Não poderia, porém, a Justiça do Trabalho estabelecer um porcentual uniforme para a participação dos lucros para todas as empresas submetidas a julgamento, justamente diante das peculiaridades de cada uma.

A participação nos lucros não deveria ser estabelecida por lei que previsse critérios uniformes para sua distribuição, pois deveria levar em conta várias condições, como as empresas serem grandes ou pequenas. Daí por que se falar que a melhor forma de distribuição da participação nos lucros seria por intermédio da norma coletiva, em que as próprias partes seriam livres para acertar a forma como pretendessem estabelecê-la, que é o que tem revelado a experiência internacional. Seria um acordo mútuo entre trabalhadores e empregadores de forma a distribuir o lucro que foi conseguido, afinal, por ambos, além de poder adaptar a participação a cada empresa, em razão de suas peculiaridades.

---

após deduzidos os prejuízos acumulados, a provisão para o imposto de renda, a reavaliação de ativos legalmente permitidos, os ganhos de capital na legislação que define a base de quaisquer outras deduções, abatimentos, exclusões ou compensações prescritas na legislação que define a base de cálculo do imposto de renda" (TRT 2a R. 309/92-A, ac. da SDC e SDI 1.069/93, Rel. Juíza Wilma Nogueira de Araújo Vaz da Silva, j. 26-10-1993, LTr 57-12/1.453).

8

Lucros

Participação provém do verbo "participar", do latim *participare*, de *particeps*, que toma parte, de *pars*, parte, e *capere*, tomar. Distribuir lucros significa dividir os lucros. Participar nos lucros não quer dizer que o empregado tem direito ao lucro, mas de participar do lucro da empresa, de ter direito a parte do lucro. Caso contrário, haveria ingerência do empregado na empresa e poderia até mesmo confundir-se com a ideia de sócio. O trabalhador não é titular do lucro, mas do direito de participar do lucro, pois, se fosse titular, seria proprietário da empresa ou acionista. Como bem explica Valdir de Oliveira Rocha:

> o direito ao lucro é um direito primário, que resulta diretamente do *status* de sócio, acionista ou titular da empresa (aquele que exercita a livre iniciativa econômica), enquanto que a participação no lucro (como o que a Constituição confere aos empregados) é um direito secundário, que resulta indiretamente de lucros terem sido apurados, verificados apenas por quem possa fazê-lo, e ter sido convencionada participação neles[1].

Verifica-se, ainda, do inciso XI do art. 7º da Constituição, que a participação será ordinária ou comum, porém a participação na gestão é que será excepcional.

O conceito de lucro é totalmente indeterminado, sendo que a Constituição não o define, nem deveria fazê-lo, podendo ficar a cargo da legislação ordinária. Por exemplo, no caso do imposto de renda, lucro é aqui-

1 ROCHA, Valdir de Oliveira. A Constituição e a participação dos empregados nos lucros, ou resultados, e na gestão das empresas. In: *Participação dos Empregados nos Lucros*. São Paulo: Dialética, 1995, p. 95-96.

lo que for definido pela legislação infraconstitucional. O que for estabelecido como lucro na lei é que terá a incidência do referido imposto. Entretanto, há necessidade de se analisar o conceito de lucro para efeito da participação nos lucros constitucionalmente prevista.

O verbete "Lucro" esclarece que:

> o termo lucro não tem nenhum sentido técnico especial nas Ciências Sociais, exceto em Economia – na qual é geralmente usado no plural. No campo da Economia pode-se, *grosso modo*, agrupar os conceitos de lucro em três categorias principais, que se sobrepõem parcialmente: a) lucros com rendas auferidas por categorias institucionalmente identificadas como recipiendários de renda; b) lucros (positivos ou negativos) como uma renda abstratizada, residual, não funcional; c) lucros como rendimentos (positivos ou negativos) resultantes do exercício das funções empresariais. Assim, uma das principais arenas onde se têm travado as batalhas sobre conceitos de lucro, e onde têm ocorrido as transigências nessas batalhas, é a terra-de-ninguém entre os conceitos "a" e "b". A outra arena localiza-se no ponto de encontro entre os proponentes de funcionalismo, disfuncionalismo e não funcionalismo[2].

Paulo Sandroni ensina, no verbete "Lucro", que este é o:

> rendimento atribuído especificamente ao capital investido diretamente por uma empresa. Em geral, o lucro consiste na diferença entre a receita e a despesa de uma empresa em determinado período (um ano, um semestre etc.)[3].

Lucro, para a teoria econômica, é considerado o resíduo da divisão do remanescente da atividade produtiva, depois de todos os pagamentos dos fatores da produção: capital (interesses), terra (aluguel), trabalho (salário)[4].

---

2 DICIONÁRIO DE CIÊNCIAS SOCIAIS. 2. ed. Rio de Janeiro: Fundação Getulio Vargas, 1987.

3 SANDRONI, Paulo. *Dicionário de economia, organização e supervisão*. São Paulo: Best Seller, 1989.

4 SLOAN, Harold A.; ZURCHER, Arnold J. *A dictionary of economics*. 3. ed. New York: Barnest Noble, 1953, p. 256.

A ideia de lucro diz respeito, portanto, ao resultado da atividade econômica da empresa, abstraídas as despesas do empreendimento. Verifica-se que o conceito de lucro é de natureza econômica, decorrente da atividade econômica da empresa, de produzir bens e serviços para o mercado. Havendo sobras do exercício da atividade econômica por parte da empresa é que se poderá falar em lucros.

O lucro, por conseguinte, é a remuneração do empresário, pois o empregado tem salário. Para o empregado, a participação nos lucros vai ser algo a mais além do salário, pois o empregado não pode assumir os riscos da atividade econômica da empresa, que, por natureza, são do empresário. Como a Constituição menciona que o empregado apenas excepcionalmente participa da gestão, indica que o obreiro não participa dos prejuízos, que devem ficar por conta do empregador (art. 2º da CLT). Porém, também não pode ter remuneração aleatória, totalmente dependente do resultado econômico obtido pela empresa.

Parece que o lucro a que se refere a Constituição é o lucro líquido, ou seja, o lucro existente após deduzidas todas as despesas da receita obtida pela empresa. Não se trata do lucro bruto, que pode ser considerado a diferença entre o valor da compra da mercadoria ou do preço do custo do serviço e a importância apurada na venda da mercadoria ou do serviço, abatidos os impostos incidentes sobre vendas de mercadorias ou serviços, sem a dedução das despesas operacionais da empresa.

A legislação do imposto de renda da pessoa jurídica possui vários conceitos de lucro. São formas de apuração do lucro para efeito do imposto de renda: o lucro real, presumido ou arbitrado.

Lucro real é o lucro líquido do período de apuração ajustado pelas adições, exclusões ou compensações (art. 258 do RIR).

Lucro presumido é uma opção do contribuinte como forma de tributação, que é mais simplificada e dispensa a escrituração fiscal, nos casos em que a pessoa jurídica tenha receita bruta total, acrescida das demais receitas e ganhos de capital, no ano-calendário anterior tenha sido igual ou inferior a R$ 78.000.000,00 ou a R$ 6.500.000,00 e que não esteja obrigada à tributação com base no lucro real (art. 587 do RIR).

Estão obrigadas à tributação pelo lucro real as pessoas jurídicas com receita superior ao limite mencionado, as sociedades por ações de capital aberto, bancos, sociedades com sócio ou acionista residente ou domiciliado no exterior, sociedades das quais participe a Administração Pública, entre outras.

Lucro arbitrado é o determinado pela autoridade tributária quando, entre outras coisas, a empresa não tiver escrituração ou apresentá-la com vícios.

Lucro operacional é o resultado das atividades, principais ou acessórias, que constituam objeto da pessoa jurídica (art. 289 do RIR).

Lucro bruto é a diferença entre a receita líquida de vendas e serviços e o custo de bens e serviços vendidos (parágrafo único do art. 290 do RIR). Receita bruta compreende o produto da venda de bens nas operações de conta própria, o preço dos serviços prestados, o resultado auferido nas operações de conta alheia e as receitas da atividade ou do objeto principal da pessoa jurídica (art. 280 do RIR). A receita líquida de vendas e serviços será a receita bruta diminuída das vendas canceladas, dos descontos concedidos incondicionalmente e dos tributos sobre ela incidentes (§ 1º do art. 208 do RIR).

Lucro líquido é a soma algébrica do lucro operacional, das demais receitas e despesas, e das participações (art. 259 do RIR). Ganhos e perdas de capital são os resultados na alienação, na desapropriação, na baixa por perecimento, extinção, desgaste, obsolescência ou exaustão, ou na liquidação de bens do ativo não circulante, classificados como investimentos, imobilizado ou intangível (art. 501 do RIR), como na venda de ações, quotas, veículos, imóveis, máquinas e utensílios etc. e que compõem os resultados não operacionais da empresa.

Lucro inflacionário é o saldo credor da conta correção monetária ajustado pela diminuição das variações monetárias e das receitas e despesas financeiras computadas no lucro líquido do período-base; se o saldo é devedor, significa que os bens do ativo foram adquiridos com recursos próprios, enquanto se o saldo é credor implica que parte dos bens do ativo foi adquirida por financiamento de terceiros.

Lucro inflacionário acumulado é a soma do lucro inflacionário do período-base com o saldo de lucro inflacionário a tributar transferido do período-base anterior.

A legislação do imposto de renda permite deduzir do lucro as seguintes participações: debêntures de sua emissão, atribuídas a seus empregados segundo normas gerais aplicáveis, sem discriminações, a todos que estejam na mesma situação, por dispositivo do estatuto ou contrato social, ou por deliberação da assembleia de acionistas ou sócios-quotistas (art. 526, II, do RIR).

Lucro diferido é aquele que fica para ser tributado em exercícios posteriores.

Lucro da exploração é o lucro líquido do período de apuração, antes de deduzida a provisão para o imposto sobre a renda, ajustado pela exclusão dos seguintes valores (art. 626 do RIR):

> I – a parte das receitas financeiras que exceder às despesas financeiras;
>
> II – os rendimentos e os prejuízos das participações societárias;
>
> III – as outras receitas ou despesas de que trata o inciso IV do caput do art. 187 da Lei n. 6.404, de 1976;
>
> IV - as subvenções para investimento, inclusive por meio de isenção e redução de impostos, concedidas como estímulo à implantação ou à expansão de empreendimentos econômicos, e as doações feitas pelo Poder Público; e
>
> V –- os ganhos ou as perdas decorrentes de avaliação de ativo ou passivo com base no valor justo.

É, portanto, a forma utilizada para se apurar o resultado de determinada atividade sujeita a algum regime especial de tributação ou que tenha benefício de isenção.

A legislação comercial também traz regras a respeito de lucros. A Lei n. 6.404, de 15-12-1976, traça normas gerais sobre lucros nas sociedades anônimas, que são complementadas pela legislação do imposto de renda, no que diz respeito à incidência do referido imposto. Para tanto, determina a demonstração: de lucros ou prejuízos acumulados (art. 186), do resultado do exercício (art. 187), da demonstração dos fluxos de caixa e do valor adicionado (art. 188). Considera lucro líquido do exercício o resultado do exercício que remanescer depois de deduzidas as participações (art. 191). Entende que as participações estatutárias de empregados, administradores e partes beneficiárias serão determinadas, sucessivamente e nessa ordem, com base nos lucros que remanescerem depois de deduzida a participação anteriormente calculada (art. 190). A legislação comercial estabelece, ainda, que existem certas reservas. A reserva legal é a destinação de 5% do lucro líquido antes de qualquer outra destinação, que não poderá exceder 20% do capital social (art. 193). Reservas estatutárias são aquelas determinadas pelo estatuto. Reservas para contingências são reservas criadas pela assembleia-geral, mediante proposta dos órgãos da administração, de modo a destinar parte do lucro líquido à formação de reserva com a finalidade de compensar, em exercício futuro, a diminuição do lucro decorrente de perda julgada provável, cujo valor possa ser estimado (art. 195). Reserva de lucros a realizar é aquela proposta pelos órgãos da administração que ultrapassar o total deduzido das reservas anteriormente mencionadas.

Os acionistas terão direito de receber como dividendo obrigatório, em cada exercício, a parcela dos lucros estabelecida no estatuto, ou, se este for omisso, metade do lucro líquido do exercício diminuído ou acrescido dos seguintes valores: a) importância destinada à constituição da reserva legal; b) importância destinada à formação de reservas para contingências e reversão das mesmas reservas formadas em exercícios anteriores (art. 202).

Quando o estatuto for omisso e a assembleia geral deliberar alterá-lo para introduzir norma sobre a matéria, o dividendo obrigatório não poderá ser inferior a 25% do lucro líquido ajustado (§ 2º do art. 202). Nas companhias fechadas, o dividendo poderá ser inferior ao anteriormente mencionado. Também não será obrigatório o dividendo mínimo suprarreferido no exercício social em que os órgãos da administração informarem à assembleia-geral ordinária ser ele incompatível com a situação financeira da empresa (§ 4º do art. 202).

A Lei n. 6.404/76 usa também a expressão "participação nos lucros" para evidenciar a participação nos lucros dos administradores. O estatuto da companhia pode atribuir aos administradores participação no lucro da companhia, desde que seu total não ultrapasse a remuneração anual dos administradores nem um décimo dos lucros, prevalecendo o limite que for menor (§ 1º do art. 152). Os administradores somente farão jus à participação nos lucros do exercício social em relação ao qual for atribuído aos acionistas o dividendo obrigatório (§ 2º do art. 152). O inciso VI do art. 187 da Lei n. 6.404/76, que trata da demonstração do resultado do exercício, também prevê participações de empregados nos lucros, que é a participação que for prevista no estatuto da companhia.

Outras formas de lucro podem ser lembradas, como o *business profit*, que quer dizer a diferença entre a receita e os custos explícitos, e o *pure profit*, que significa a diferença entre a receita e os custos explícitos ou implícitos, sendo que nestes estão incluídos os juros do capital aplicado e a remuneração pelo trabalho.

A lei pode dizer qual lucro será considerado para efeito da referida participação: o lucro previsto na lei do imposto de renda; o lucro decorrente da Lei das Sociedades Anônimas (Lei n. 6.404/76); ou um terceiro critério, em que a própria lei irá definir o que vem a ser lucro para efeito da distribuição aos empregados, pois existem contas na legislação societária e de imposto de renda que podem reduzir o lucro a ser distribuído aos empregados (como reservas de capital, de lucros, de investimento, depreciações, amortizações, diferimento de despesas, receitas de exportações, reavaliação de bens patrimoniais); além disso, existe o problema do lucro inflacionário, que, na verdade, não é um lucro real, mas fictício, isto é, uma ficção legal. Se a lei nada mencionar sobre o aspecto, o empregado pode querer receber a participação nos lucros sobre o lucro inflacionário da empresa, que servirá inclusive para descapitalizá-la, pois esse lucro só existe para efeitos fiscais, não sendo real. Haverá também o problema do lucro não realizado, o decorrente de empresas do mesmo grupo. Da mesma forma, na própria legislação do imposto de renda o lucro a ser utilizado é o lucro real, enquanto pode haver critérios para se verificar qual o lucro gerencial da empresa. O Projeto n. 1.039, aprovado na Câmara dos Deputados em 1952, mas não votado no Senado, considerava, por exemplo, lucro os rendimentos tributáveis para efeito de imposto de renda (art. 4º).

À primeira vista, o conceito de lucro está ligado à empresa, que é quem o tem. Assim, poder-se-ia dizer que certas entidades não terão de conceder participação nos lucros a seus empregados, pois não são consideradas como empresas, como as instituições de beneficência, os profissionais liberais, as associações recreativas, os clubes, os sindicatos e os órgãos da Administração, que não são consideradas empresas ou não visam o lucro. Todavia, aí, há necessidade de examinar o conceito de resultado.

Dentro da ideia de lucro, porém, não podemos considerar o saldo credor da correção monetária, que representa o lucro inflacionário, mas não corresponde ao lucro para efeito da distribuição aos empregados, pois, caso contrário, seria distribuído um lucro fictício ou determinado por força de lei e que iria descapitalizar a empresa.

Outra questão importante consiste em determinar se os ganhos ou perdas de capital serão considerados para efeito dos lucros que serão distribuídos aos empregados, pois não decorrem muitas vezes da atividade precípua da empresa, mas podem ser provenientes de vendas de imóveis ou outros ativos da organização. De outro modo, é preciso lembrar que, ao se distribuir os lucros, deve-se compensar eventuais prejuízos sofridos pela empresa em períodos anteriores, sob pena de mais uma vez haver descapitalização. Poderia, também, ser proposto como critério que uma parte dos lucros a serem distribuídos aos empregados ficasse retida com o objetivo de pagamento quando houvesse prejuízo em determinado exercício subsequente.

A Lei n. 10.101/2000 não estabelece o conceito de lucro.

9 Resultados

A Norma Ápice declara que não se trata de participação apenas nos lucros, mas nos resultados. Isso quer dizer que resultado não é sinônimo de lucro, pois se o legislador constituinte empregou duas palavras distintas, quer dizer que têm significados diferentes, visto que a lei não contém palavras inúteis, além de ter colocado a palavra "resultado" entre vírgulas na oração do inciso XI do art. 7º da Constituição. A Lei Maior tanto emprega termos que têm acepção comum, de conhecimento do povo, como, muitas vezes, adota termos técnicos, que, evidentemente, têm conotação própria e específica.

"Resultado", porém, não é um conceito atinente ao Direito do Trabalho. Num sentido genérico, "resultado" diz respeito ao produto de uma operação. Num ponto de vista secundário, pode ser compreendido como lucro, provento, aquilo que resultou ou resulta de alguma coisa, ou seja, sua consequência, derivação, produto, efeito. Na acepção contábil, podemos dizer que se trata da conclusão a que se chegou no final do exercício da empresa. Assim, o resultado pode ser positivo ou negativo, ou seja: a empresa pode ter tanto lucro como prejuízo. O resultado, portanto, é o efeito, a consequência da atividade econômica, ou, seu produto. "Resultado", por conseguinte, é o gênero, que engloba lucro e prejuízo como espécies. Na Lei n. 6.404/76 (Lei das Sociedades Anônimas) são empregadas as palavras "lucro" e "resultado" nos arts. 176 e 187 com significado de lucro.

A legislação do imposto de renda fala em resultados operacionais e não operacionais. O resultado operacional diz respeito à atividade normal da empresa, em seu aspecto operacional. O resultado não operacional compreende os ganhos e as perdas de capital, a reavaliação de bens, contribuições de subscritores de valores mobiliários, subvenções para investimentos e doações e capital de seguro por morte de sócio.

A legislação comercial, mais especificamente a Lei das Sociedades por Ações (Lei n. 6.404/76), menciona, no inciso III do art. 176, a demonstração do resultado do exercício, que contém as contas de receitas de vendas de mercadorias e serviços, outras receitas e as despesas que formaram o resultado final obtido pela empresa durante o ano.

O art. 187 da citada lei esclarece que a demonstração do resultado do exercício discriminará a receita bruta de vendas e serviços, a receita líquida, as despesas operacionais, o lucro ou prejuízo operacional, o resultado do exercício antes do imposto de renda e o lucro ou prejuízo do exercício.

O art. 189 explicita que do resultado do exercício serão deduzidos, antes de qualquer participação, os prejuízos acumulados e a provisão para o imposto sobre a renda. No entanto, a palavra "resultado", empregada no citado artigo, tem o significado de lucro, pois o resultado tanto pode ser positivo como negativo.

O próprio art. 191 da mesma lei esclarece que lucro líquido do exercício é o resultado do exercício que remanescer depois de deduzidas as participações, o que mostra que o resultado tem significado de lucro ou prejuízo. O lucro será, porém, sempre o resultado positivo. Enquanto o resultado pode ser tanto positivo como negativo, importando lucro ou prejuízo.

Entretanto, se adotado o conceito de resultado da Lei n. 6.404/76, o empregado poderia participar do resultado negativo, o que não seria correto, pois não assume os riscos da atividade econômica do empregador, como se verifica da redação do art. 2º da CLT, que imputa tal encargo ao empregador.

Embora a Constituição não use vocabulário técnico em certo sentido, argumentando-se que a linguagem da Norma Ápice é mais simples, além do que toda Constituição teoricamente provém do povo e é uma norma, antes de tudo, política, certo é que, como qualquer norma, não pode conter palavras inúteis ou análises de seus textos que possam levar o intérprete a soluções absurdas. Assim, é mister verificar qual o sentido de "resultado", pois, se a Constituição empregou as expressões "lucros" e "resultados", é sinal que têm significados diversos, sendo que cada palavra empregada tem seu próprio sentido, não se podendo dizer que o constituinte pretendeu ser enfático.

Da forma como o inciso XI do art. 7º da Lei Maior está redigido, depreende-se que o trabalhador terá direito de participar inclusive no resultado negativo da empresa, o que é absurdo, pois, pela definição de empregador, este é quem assume os riscos da atividade econômica, que não podem ser transferidos para o empregado, pessoa hipossuficiente, que depende de seus salários para sobreviver. Logo, a interpretação do referido mandamento legal não pode levar a uma concepção absurda, havendo necessidade de se chegar a outra conclusão. Não se pode, portanto, fazer apenas a interpretação literal do inciso XI do art. 7º da Constituição. A própria interpretação sistemática do *caput* do art. 7º e de seu inciso XI leva a outra conclusão. O *caput* menciona que "são direitos dos trabalhadores", especificando-os nos incisos. Não se trata, portanto, de obrigação dos trabalhadores. Assim, não se pode entender que resultado vá implicar participação na variação negativa obtida pela empresa, mas apenas na positiva, no lucro.

Reza a Constituição, no inciso XI do art. 7º, sobre participação nos lucros ou resultados. Isso quer significar que os vocábulos não têm, portanto, o mesmo significado, não sendo sinônimos. A Constituição usa um sistema alternativo de participação, querendo dizer que lucro não é igual a resultado.

O resultado também poderia ser entendido no sentido de o empresário ter sonegado lucros, de maneira que, desaparecido o lucro, sobraria o resultado, que poderia até se confundir com faturamento, que, de certa forma, não deixa de ser um resultado. O faturamento seria um índice indicativo da lucratividade da empresa. Fazendo-se a participação dessa forma, os empregados não estariam sujeitos a manipulação dos lucros pelo empregador. Entretanto, resultado não se confunde com faturamento ou receita operacional. O faturamento ocorre em primeiro lugar. É todo o montante recebido pela empresa a título de vendas de bens, serviços ou da combinação de ambos. Já o resultado, entretanto, só acontece ao final, quando são verificadas as receitas e despesas, ou seja, a diferença entre o que se arrecadou e o que se gastou na empresa.

A receita operacional bruta é o somatório das receitas que dão origem ao lucro operacional (§ 2º do art. 1º do Decreto-Lei n. 2.445/88), em que este último vem a ser o resultado das atividades, principais ou acessórias, que constituam objeto da pessoa jurídica.

Se entendêssemos que o empregado poderia participar do faturamento da empresa, como forma de evitar a burla por parte do empresário de camuflar eventuais lucros obtidos, ocorreria de o empregador pagar a participação, mas ao final do exercício a empresa ter prejuízo e ao mesmo tempo ter distribuído alguma coisa ao empregado, que, ao final, implicou resultado negativo, o que seria um contrassenso. Empresa com elevado faturamento poderia ter prejuízo, o que seria debitar mais uma despesa à empresa, ao atribuir-se a participação do empregado no faturamento, ajudando a aumentar seu prejuízo no final do exercício, o que poderia levá-la até mesmo a ser concordatária ou ir à falência.

Prevê o § 4º do art. 218 da Lei Maior o estímulo para as empresas que:

> invistam em pesquisa, criação de tecnologia adequada ao País, formação e aperfeiçoamento de seus recursos humanos e que pratiquem sistemas de remuneração que assegurem ao empregado, desvinculada do salário, participação nos ganhos econômicos resultantes da produtividade de seu trabalho.

Esse dispositivo não trata exatamente de participação nos lucros, que tem previsão no inciso XI do art. 7º da Constituição. Versa sobre tema ligado à tecnologia, tanto que o art. 218 da Constituição faz referência ao fato de que o Estado promoverá e incentivará o desenvolvimento científico, a pesquisa e a capacitação tecnológica. Está incluído o art. 218 no Capítulo IV – da Ciência e Tecnologia – do Título VIII – da Ordem Social. À semelhança com o inciso XI do art. 7º da Constituição, refere-se apenas ao fato de que o sistema de remuneração é desvinculado do salário e não da remuneração, além do que o art. 218 menciona a participação em ganhos econômicos resultantes da produtividade de seu trabalho e não sobre participação nos lucros. O art. 218 da Constituição está, portanto, ligado a questões tecnológicas. Assim, a participação nos lucros prevista no inciso XI do art. 7º da Constituição é uma coisa, e a participação nos ganhos econômicos resultantes da produtividade no trabalho em relação às empresas de ciência e tecnologia é outra coisa, esta última sendo até mesmo um incentivo à exploração da ciência e tecnologia.

Não se confunde, porém, o resultado com o lucro bruto. Antes, há necessidade de se verificar o que vem a ser receita bruta, que consiste (art. 208 do RIR):

I – no produto da venda de bens nas operações de conta própria;

II – o preço da prestação de serviços em geral;

III – o resultado auferido nas operações de conta alheia;

IV – as receitas da atividade ou do objeto principal da pessoa jurídica não compreendidas no inciso I ao inciso III.

A receita líquida compreende a receita bruta diminuída das vendas canceladas, dos descontos concedidos incondicionalmente e dos tributos incidentes sobre vendas (§ 1º do art. 208 do RIR). Já o lucro bruto consiste na diferença entre a receita líquida e o custo dos bens e serviços vendidos (parágrafo único do art. 290 do RIR). O lucro líquido diz respeito à soma algébrica do lucro operacional, das demais receitas e despesas, e das participações (art. 259 do RIR).

Argumenta-se que o constituinte teria ido buscar a ideia de resultado na legislação francesa, que teria o significado de produtividade. Seria uma forma de participação do trabalhador na produtividade, como menciona o § 4º do art. 218 da Lei Maior, ou no faturamento da empresa. Contudo, empregou a expressão errada para o significado que pretendia. O certo é que lucro não se confunde com resultado, até porque em Direito cada elemento constante da regra jurídica possui significado próprio (*ubi lex voluit dixit, ub noluit tacuit*). Ocorre que na legislação francesa usam-se as expressões *bénéfice* e *résultat* para significar lucros. Quando o legislador francês usa a palavra *productivité* quer dizer produtividade. Logo, verifica-se que o legislador constituinte não utilizou os mesmos termos que o legislador francês.

Pode-se entender, também, que o uso da palavra "resultado" seja decorrente de estabelecer uma forma de participação do trabalhador no resultado positivo obtido por empresas que não tenham por objeto o lucro, como instituições de beneficência, associações recreativas, sindicatos, hospitais etc., ou até mesmo os profissionais autônomos ou liberais, de maneira que o trabalhador tenha uma participação financeira sobre a produtividade que alcançou para a referida empresa. Aqui, poderíamos lembrar que a cooperativa também se ajustaria a tal conceito, pois é uma atividade econômica organizada, que não tem geralmente por objetivo o lucro, mas alcançar resultados para seus colaboradores. Essas pessoas jurídicas não têm fins lucrativos, porém, geralmente, resultados operacionais positivos, sendo que os trabalhadores das referidas empresas não poderiam ficar excluídos da participação desse ganho que obtiveram para seus empregadores.

"Resultado" também poderia ser entendido como a diferença positiva obtida pela empresa ao final do exercício, mesmo que com o emprego de artifícios tributários ou contábeis houvesse prejuízo, como na compensação de prejuízos de exercícios anteriores. Daí, chega-se a que "resultado", tal qual empregado na Constituição, tem o significado da participação dos trabalhadores no resultado das pessoas físicas ou jurídicas que gerem valores positivos no final do exercício.

"Resultado" corresponderia ao acréscimo de patrimônio obtido por instituições ou pessoas que não têm por objeto o lucro, mas que exercem uma atividade. Seria mais uma forma de se interpretar sistematicamente a Constituição, pois não é concebível que o constituinte tivesse querido prejudicar os trabalhadores das empresas sem finalidade lucrativa, enquanto os trabalhadores das empresas que têm por objeto o lucro teriam direito à participação neste. Seria uma forma, portanto, de se adotar o princípio da igualdade: todos são iguais perante a lei (art. 5º, *caput*, da Lei Fundamental), sem distinção de qualquer natureza.

Se o constituinte não empregasse o termo "resultado", os trabalhadores das instituições de beneficência não teriam direito à parte do resultado positivo que teriam obtido para seu empregador, o que seria até mesmo injusto. Mesmo em relação a donativos recebidos pelas instituições de beneficência, poderiam ser incluídos no conceito final de resultado, pois as aplicações financeiras ou doações recebidas por empresas comuns irão entrar no cômputo do lucro final, ainda que como receitas não operacionais. Os donativos também farão parte do resultado final das instituições sem fins lucrativos e, dependendo do caso, poderão ser distribuídos, se o resultado final for positivo.

A palavra "resultado" também poderia querer dizer do atingimento de metas estabelecidas pela empresa, visando melhorar seus procedimentos operacionais, como de produtividade, de vendas, de controle de qualidade, metas etc. O alcance de metas está totalmente divorciado da existência ou não de lucro no final do exercício. A realização das metas preestabelecidas pela empresa poderia gerar compensação financeira aos empregados. Entretanto, não parece ter sido esse o intuito do constituinte, mas sim que a acepção da palavra "resultado" diz respeito aos proveitos econômicos positivos obtidos pelas empresas sem finalidade lucrativa. O resultado também poderia ser entendido como economia de material, redução de desperdício, como se encontra em outras legislações.

A ideia de resultado, porém, está muito mais ligada à participação do trabalhador para sua geração do que a de lucro, eis que nem sempre o trabalhador tem interesse ou participação nesse sentido.

O conceito de "resultado" deveria ser também especificado na lei ordinária que determinar a participação nos lucros, visando dirimir qualquer dúvida sobre o assunto.

O empregador deverá evitar a utilização de outras denominações para qualificar lucros ou resultados que não tenham essas características, sob pena de a verba paga ter natureza salarial.

10 Desvinculação da Remuneração

Fazendo-se a interpretação histórica da Constituição, podemos verificar que houve várias redações oferecidas ao que culminou com a edição do inciso XI do art. 7º da Lei Maior. Na Subcomissão dos Direitos dos Trabalhadores encontramos a expressão "participação direta nos lucros ou no faturamento da empresa". Na Comissão da Ordem Social verifica-se "participação nos lucros ou nas ações, desvinculada da remuneração, conforme definido em lei ou em negociação coletiva". Na Comissão de Sistematização nota-se a expressão "participação nos lucros, desvinculada da remuneração, e na gestão da empresa, conforme definido em lei ou em negociação coletiva". Por fim, temos o atual texto do inciso XI do art. 7º: "participação nos lucros ou resultados, desvinculada da remuneração e, excepcionalmente, participação na gestão da empresa, conforme definido em lei". Eliminou-se, portanto, a expressão "negociação coletiva".

Num primeiro momento, todo o pagamento feito pelo empregador ao empregado poderia ter natureza salarial. Poderia o legislador, porém, por razões de política econômica ou social, dispor de outra forma.

Carlos Alberto Chiarelli, deputado constituinte, mostra, com base nos anais da Assembleia Nacional Constituinte, que foi atendida:

> a sugestão da área empresarial que, permanentemente, insistiu no argumento – questionável, mas não descartável, *a priori* – de que a participação nos lucros, no Brasil, não se solidificara, não ganhara vigor prático, porque lhe faltava um apelo programático. Mais: insistiam na tese segundo a qual o empresário não se via por ela atraído porque a participação acabava gerando acréscimos continuados, mesmo com a ausência do lucro, do qual devia ter origem, isto sim,

> em obrigações tributárias e encargos sociais decorrentes, na medida em que se lhe conceituasse como remuneração trabalhista. Por isso, alegavam, se, efetivamente, há o propósito de abrir nova frente de aproximação eficaz e pacífica entre patrão e empregado, oferecendo garantia à via lucrativa da empresa e solidez às aspirações sociais do trabalhador, é indispensável que não se identifique participação com remuneração. Se não, a partir daí, as obrigações, os formalismos, as despesas, a burocracia, a interveniência estatal acabarão com as vantagens e impedirão, por si só, de viabilizar-se, como até agora teria, segundo eles, especialmente por isso, sucedido[1].

A Constituição de 1988 eliminou, portanto, o caráter salarial da participação nos lucros, determinando que tal prestação vem a ser totalmente desvinculada da remuneração. O objetivo foi realmente possibilitar que o empregador concedesse a participação nos lucros a seus empregados, mas, em contrapartida, não tivesse nenhum encargo a mais com tal ato. O empregador não tinha interesse em conceder um benefício gratuitamente e ainda suportar os encargos sociais sobre tal valor. Foi uma forma de estimular o empregador a conceder a participação nos lucros, pois, se utilizássemos a orientação da antiga Súmula 251 do TST – que considerava de natureza salarial a referida participação –, o empregador não a iria conceder, porque haveria de pagar outros encargos sobre ela, como FGTS, contribuição previdenciária etc.

Assim, o constituinte entendeu por bem continuar a conferir a participação nos lucros aos empregados, porém desvinculada da remuneração. É a interpretação teleológica da norma e também histórica dos debates constituintes, pois a viabilidade da concessão da participação nos lucros dependeria de sua desvinculação da remuneração.

A partir do momento em que a lei ordinária tratar da participação nos lucros, não haverá a integração de tal verba em qualquer outra, como 13º salário, aviso-prévio, horas extras, assim como inexistirá a incidência da contribuição do FGTS e da contribuição previdenciária.

Trata-se, assim, a participação nos lucros, de uma nova forma de pagamento ao empregado, justamente por estar desvinculada da remuneração e, portanto, do salário.

---

1 CHIARELLI, Carlos Alberto. *Trabalho na Constituição, direito individual do trabalho*. São Paulo: LTr, 1989. v. 1, p. 114.

Não poderá, porém, a participação nos lucros ser a única forma de pagamento ao empregado. De qualquer maneira, o empregado terá direito de receber pelo menos o salário mínimo, que é a contraprestação mínima devida e paga diretamente pelo empregador ao empregado (art. 6º da Lei n. 8.542/92), que, portanto, não pode ser paga por terceiro. Nosso sistema jurídico não permite que haja apenas o pagamento de participação nos lucros sem se falar em salário, pois, se a empresa tivesse prejuízos constantes, o empregado nada perceberia a título de remuneração. É sabido que, por definição, o empregador é quem assume os riscos de sua atividade econômica, o que inclui os prejuízos (art. 2º da CLT), que não podem ser transferidos para o empregado.

11
Autoaplicabilidade

11.1 Autoaplicabilidade

Há três teorias tratando da autoaplicabilidade do inciso XI do art. 7º da Constituição. A primeira teoria preconiza que a parte que trata da desvinculação da remuneração já é autoaplicável, pois não necessitaria de lei para complementar o dispositivo constitucional. A segunda teoria complementa a primeira, dizendo que só a participação na gestão é que depende de lei e não a participação nos lucros ou resultados. A terceira afirma que existe necessidade de lei para que o dispositivo seja autoaplicável.

Alguns autores entendem que na parte do dispositivo constitucional onde foi definida a natureza do benefício, que é desvinculado da remuneração, já há eficácia plena do referido mandamento. Os empregadores que concedem espontaneamente o benefício já poderiam considerá-lo de natureza não salarial, segundo essa orientação, não tendo qualquer repercussão em outras verbas trabalhistas, muito menos incidência de outras contribuições. É o entendimento de Arion Sayão Romita[1], Amauri Mascaro Nascimento[2], Arnaldo Süssekind[3].

---

1 ROMITA, Arion Sayão. *Os direitos sociais na constituição e outros estudos*. São Paulo: LTr, 1991, p. 77.

2 NASCIMENTO, Amauri Mascaro. *Direito do trabalho na constituição*. São Paulo: Saraiva, 1989, p. 147.

3 SÜSSEKIND, Arnaldo. *Comentários à Constituição*. Rio de Janeiro: Freitas Bastos, 1990, v. 1, p. 397-398.

Mesmo na jurisprudência já encontramos acórdãos perfilando essa orientação:

> O valor recebido a título de participação nos lucros da empresa não se traduz em verba salarial e, por consequência, não reflete, obrigatoriamente, em outras verbas contratuais (art. 7º, XI, da Constituição Federal de 1988) (TRT 2ª R., 4ª T., ac. 02910163436, Rel. Juiz Francisco Antônio de Oliveira, *DJSP*, 20-9-1991, p. 127).

Também se verifica em outro acórdão da 4ª Turma do TRT da 2ª Região (RO 02890239742, Rel. Juiz Francisco Antônio de Oliveira, *DJSP*, 20-9-1991, p. 127).

A segunda teoria é representada pelo entendimento de Amauri Mascaro Nascimento[4], que afirma que o inciso XI do art. 7º da Constituição, "na parte final, ao declarar 'conforme definido em lei', não está se referindo à participação nos lucros, mas, apenas, à participação na gestão da empresa. Esta depende de lei que lhe dê aplicabilidade. Aquela, não". Assim, a desvinculação da remuneração já seria autoaplicável desde 5 de outubro de 1988.

Há acórdão que sufraga o mesmo entendimento:

> Participação nos lucros. Não integração. Art. 7º, XI, da Constituição. Muito embora se trate de princípio programático e dependente de regulamentação legal, a norma constitucional é expressa no sentido de que tal participação nos lucros da empresa será desvinculada da remuneração. Recurso conhecido e provido (TST, 2ª T., RR 286.535/96.0 – 1ª R., Rel. Min. José Luciano de Castilho Pereira, *DJU* 1, 11-12-1998, p. 127).

Há também entendimentos no sentido de que a norma constitucional não tem aplicabilidade imediata:

> A norma constitucional que garante ao trabalhador o acesso aos lucros da empresa, independentemente da remuneração, tem caráter programático, carecendo de lei que a regulamente. É, pois, inaplicável, por enquanto (TRT-SC, RO-V-A 2.207/90, ac. da 2ª T. 1.965/91, j. 16-4-1991, Rel. Juiz Amauri Izaías Lúcio, *DJSC*, 10-6-1991, p. 37).

---

4 NASCIMENTO, Amauri Mascaro. *Iniciação ao direito do trabalho*. 21. ed. São Paulo: LTr, 1994, p. 86.

Leciona José Afonso da Silva que:

> não há norma constitucional alguma destituída de eficácia. Todas elas irradiam efeitos jurídicos, importando sempre numa inovação da ordem jurídica preexistente à entrada em vigor da Constituição a que aderem, e na ordenação da nova ordem instaurada. O que se pode admitir é que a eficácia de certas normas constitucionais não se manifesta na plenitude dos efeitos jurídicos pretendidos pelo constituinte enquanto não se emitir uma normação jurídica ordinária ou complementar executória, prevista ou requerida[5].

Nesse ponto, podemos dizer que o inciso XI do art. 7º da Constituição tem vigência a partir de 5-10-1988, tendo também eficácia. O que se precisa verificar é se há necessidade de a norma constitucional ser complementada pela lei ordinária para poder ter eficácia plena e o dispositivo constitucional poder ser executado, assim como se o pagamento da participação nos lucros já é totalmente desvinculado da remuneração, mesmo antes da edição da lei ordinária sobre o assunto.

É preciso ser feita, portanto, a interpretação do inciso XI do art. 7º da Lei Maior, sendo desaconselhável sua interpretação literal, pois poderá conduzir o intérprete a erros.

Deve ser feita, portanto, a interpretação até mesmo sistemática da Constituição. Como ensina Carlos Maximiliano:

> não se encontra um princípio isolado em ciência alguma; acha-se cada um em conexão íntima com outros (...)
>
> Cada preceito, portanto, é membro de um grande todo; por isso, do exame em conjunto resulta bastante luz para o caso em apreço[6].

A análise do caso concreto deve ser feita partindo-se das hipóteses especiais para os princípios dirigentes do sistema; indagando-se se, obedecendo a uma determinação, não se violará outra; inquirindo-se das consequên-

5 SILVA, José Afonso da. *Aplicabilidade das normas constitucionais*. 39. ed. São Paulo: Malheiros, 1999, p. 81-82.

6 MAXIMILIANO, Carlos. *Hermenêutica e aplicação do direito*. 8. ed. Rio de Janeiro: Freitas Bastos, 1965, p. 140-142.

cias possíveis de cada exegese isolada. Lembre-se que em Roma o juiz não deveria decidir apenas com base numa parte da lei, mas deveria examinar a norma em seu conjunto.

Nota-se, assim, que a Constituição deve ser interpretada na íntegra, devendo ser analisada em seu conjunto. É preciso contemplar o dispositivo constitucional em análise com outros semelhantes, que formam o mesmo instituto, ou estão dentro do mesmo título ou capítulo, examinando também a matéria em relação aos princípios gerais. Em suma: todo o sistema em vigor.

É necessário lembrar que ninguém é obrigado a fazer ou deixar de fazer algo a não ser em virtude de lei: o consagrado princípio da legalidade (art. 5º, II, da Lei Fundamental). Não se pode dizer que o dispositivo atinente à participação nos lucros é autoaplicável, pois depende da lei que virá fixar a forma dessa participação nos lucros. Inexistindo lei ordinária, não há como se falar que a desvinculação da remuneração já possa ser aplicada. Quando a lei instituir a forma da participação nos lucros, aí, sim, esta será desvinculada da remuneração, de maneira a não atribuir mais encargos ao empregador.

Como esclarece Pinto Ferreira, o inciso XI do art. 7º da Lei Maior "é um princípio programático, dependente de lei"[7].

Ensina Celso Ribeiro Bastos que a participação nos lucros "continua, sem dúvida, na dependência de lei regulamentadora, inclusive por expressa remissão que a ela faz o inciso ora comentado"[8].

José Afonso da Silva menciona que o inciso XI do art. 7º da Constituição é uma "promessa constitucional e, portanto, norma de eficácia limitada e aplicabilidade diferida, que existe desde 1946, dependente de lei para efetivar-se"[9].

A Lei n. 2.004/53 versa sobre a participação nos lucros dos empregados da Petrobras. O TST entendeu constitucional o § 2º do art. 9º do

---

7 FERREIRA, Pinto. *Comentários à Constituição brasileira*. São Paulo: Saraiva, 1989, v. 1, p. 233.

8 BASTOS, Celso Ribeiro; MARTINS, Ives Gandra da Silva. *Comentários à Constituição do* Brasil. São Paulo: Saraiva, 1989, v. 2, p. 444.

9 SILVA, José Afonso da. *Curso de direito constitucional positivo*. 13. ed. São Paulo: Malheiros, 1997, p. 288.

Decreto-Lei n. 1.971/82, com a redação dada pelo Decreto-Lei n. 2.100/83 (Súmula 336), que estabelece que:

> aos servidores ou empregados admitidos, até a vigência deste decreto-lei, nas entidades cujos estatutos prevejam a participação nos lucros, fica assegurada essa participação, sendo vedado, porém, considerar para esse efeito a parcela resultante do saldo credor da conta de correção monetária, de que tratam os arts. 185 da Lei n. 6.404, de 15-12-76, e 39 do Decreto-Lei n. 1.598, de 26-12-77.

À primeira vista, pode-se entender que a expressão "conforme definido em lei", observada na parte final do inciso XI do art. 7º da Lei Maior, refere-se ao que vem antes na oração: "participação na gestão da empresa". É possível, todavia, dizer que a expressão "conforme definido em lei" diz respeito a todo o inciso em comentário, e não só à participação na gestão da empresa. O "conforme definido em lei" diz respeito, também, à "participação nos lucros, ou resultados, desvinculada da remuneração", que é parte do citado inciso. Mesmo nas Constituições anteriores, a expressão "nos termos da lei" se referia a todo o inciso, seja à participação nos lucros ou à participação na gestão, como se nota no inciso V do art. 158 da Constituição de 1967 e no inciso V do art. 165 da Emenda Constitucional n. 1/69.

O inciso XI do art. 7º da Lei Fundamental é, portanto, norma dirigida ao legislador ordinário, pois, quando o constituinte quis que a matéria constitucional fosse complementada pela lei ordinária, foi expresso ao utilizar as expressões "na forma da lei", "nos termos da lei" etc., como ocorre no caso presente. O constituinte apenas determinou ao legislador ordinário que a participação nos lucros seria desvinculada da remuneração. O referido dispositivo constitucional, contudo, não contém os elementos necessários mínimos e indispensáveis para sua aplicabilidade imediata.

Verificamos, por exemplo, que o art. 7º da Lei Fundamental estabelece direitos aos trabalhadores urbanos e rurais, porém o seguro-desemprego (inciso II) e o FGTS (inciso III) não são direitos que poderiam ser exigidos de imediato (caso não houvesse lei ordinária tratando do tema), apesar de não haver qualquer expressão adicionada nos referidos incisos como "nos termos da lei", sendo necessário lei ordinária para tratar das regras gerais a serem aplicadas aos referidos incisos. O mesmo ocorre quanto à participação nos lucros, pois o inciso XI do art. 7º da Lei Maior é expresso em determinar ao legislador ordinário que regule o citado direito. Não se sabe, por exemplo, como vai ser apurado o lucro, como será distribuído esse lucro: de maneira igual para todos os empregados, ou os cargos superiores terão uma participação maior?

Não se diga que o § 1º do art. 5º do Estatuto Supremo, ao mencionar que "as normas definidoras dos direitos e garantias fundamentais têm aplicação imediata", autorizaria a aplicabilidade imediata do inciso XI do art. 7º da Constituição, principalmente no que diz respeito ao fato de que participação nos lucros é desvinculada da remuneração, quando, na verdade, tal preceito não é norma bastante em si. Outros direitos são previstos no art. 7º da Constituição e, contudo, não têm aplicabilidade imediata, como o piso salarial proporcional à extensão e à complexidade do trabalho (inciso V).

Entendo, entretanto, que todo o inciso XI do art. 7º da Constituição depende de regulamentação infraconstitucional, e não apenas uma parte dele. Assim, se a empresa conceder a participação nos lucros a seus empregados, antes da lei regulamentadora, deve-se aplicar a regra da antiga Súmula 251 do TST: tendo o pagamento da participação nos lucros habitualidade, integrará o salário para todos os efeitos, inclusive com incidências de FGTS e da contribuição previdenciária. Caso assim não se entenda, e não havendo regulamentação infraconstitucional, poder-se-ia dar ensejo à fraude, pois o empregador criaria pagamentos mascarados com o rótulo de participação nos lucros apenas para aqueles não terem natureza salarial e não pagar encargos sociais sobre tais verbas.

A própria alínea *j* do § 9º do art. 28 da Lei n. 8.212/91 (Lei de Custeio da Previdência Social) interpretou corretamente a questão, dizendo que somente quando for editada a lei específica sobre participação nos lucros é que não haverá a incidência da contribuição previdenciária. Trata-se de interpretação autêntica feita pelo legislador ordinário em relação ao preceito constitucional contido no inciso XI do art. 7º.

O STF entende que é devida a incidência da contribuição previdenciária sobre participação nos lucros entre 5-10-1988 até a vigência da Medida Provisória n. 794/94 (RE 569.441, j. 30-10-2014, Rel. Min. Teori Zavaschi).

11.2 Incidência de contribuições

No que diz respeito à incidência da contribuição previdenciária sobre a participação nos lucros são notadas várias orientações.

A Resolução n. 82/64, da Junta Interventora da Previdência Social, dizia que a incidência da contribuição se daria sobre qualquer gratificação. A Resolução CD/DNPS n. 1.267/66 esclareceu não haver incidência da contribuição; porém o extinto IAPI confundia gratificação de lucros e distribuição de lucros.

O Parecer CJ/DNPS n. 255/67, da Consultoria de Arrecadação e Assuntos Diversos do INPS, entendeu pela incidência da contribuição; contudo, era necessário que o pagamento decorresse de serviços prestados, que fosse feito com habitualidade, proveniente de ajuste tácito ou expresso. O DNPS mostrou não haver a incidência da contribuição sobre a gratificação paga pela Petrobras a seus empregados não acionistas. Em outras consultas, ora se entendia que havia a incidência da contribuição previdenciária e ora não, mostrando incerteza de posicionamento, dependendo da empresa. A Resolução n. 225/70, do Conselho Diretor do DNPS, analisando consulta da Petrobrás, entendeu pela não incidência da contribuição previdenciária sobre a participação nos lucros paga por aquela empresa, por se tratar de um caso específico. O Procurador-Geral referendou essa ideia no parecer dado no Processo n. 2.232.452/71.

A Portaria n. 199, de 6-11-1973, da Secretaria da Previdência Social, dispôs sobre a "não incidência de contribuições para a previdência social sobre gratificações concedidas a título de participação dos empregados nos lucros obtidos pela empresa".

O Parecer PGC n. 405/76, já com base na Lei n. 5.890/73, que deu nova redação aos arts. 69 e 76 da Lei Orgânica da Previdência Social (Lei n. 3.807/60), analisando um caso do Banco Nacional de Minas Gerais S.A., entendeu pela incidência da contribuição, dizendo que a distribuição de lucros para os acionistas decorria do capital investido e a distribuição para os empregados provinha do trabalho. A partir desse momento, passou a predominar o entendimento quanto à incidência da contribuição previdenciária sobre o pagamento da participação nos lucros aos empregados.

A já mencionada alínea *j* do § 9º do art. 28 da Lei n. 8.212/91 (Lei de Custeio da Previdência Social) especifica que "a participação nos lucros ou resultados da empresa, quando paga ou creditada de acordo com lei específica"– que não é o art. 190 da Lei n. 6.404/76 – não integra o salário de contribuição, pois a referida lei, até o momento, não existe. Tal norma interpreta corretamente o dispositivo constitucional no sentido de que há necessidade de lei ordinária para regulamentar o inciso XI do art. 7º da Lei Maior.

Assim, somente quando houver lei específica sobre participação nos lucros é que não haverá a incidência da contribuição previdenciária sobre a citada participação. Enquanto inexistir a referida lei, se houver habitualidade no pagamento da participação nos lucros, haverá incidência da contribuição previdenciária. Sem discutir a natureza jurídica da participação nos lucros, ela poderia ser considerada como um ganho habitual do empregado, sendo que, se a participação nos lucros for costumeira, fará parte do salário de contribuição, como ganho habitual (§ 4º do art. 201 da Constituição), enquanto não houver lei definindo a referida situação.

Esclarece Octávio Bueno Magano que:

> a participação em lucros e resultados, tal como prevista na Constituição, não possui eficácia plena, dependendo de lei, a fim de que possa ser exigida. Enquanto essa não sobrevier, qualquer benefício concedido sob a rubrica de participação nos lucros fica sujeito à incidência de contribuições sociais[10].

Wladimir Novaes Martinez leciona que:

> a letra *j* do § 9º fala em participação nos lucros quando paga de acordo com a lei específica. A despeito do rol das alíneas *a* e *j* do PCPS estar subordinado ao comando do § 9º ("Não integram o salário de contribuição..."), inexistente o diploma legal referido *in fine*, a redação conduz a dúvidas quanto à sua eficácia no tocante à inexigibilidade. Ausente a norma legal referenciada, a regra vigente é a anterior, isto é, pela incidência da contribuição[11].

Não se pode, portanto, dizer que a letra *j* do § 9º do art. 28 da Lei n. 8.212/91 seja inconstitucional, pois apenas interpreta fielmente o que está disposto no inciso XI do art. 7º da Norma Ápice, ou seja, que o refe-

---

10 MAGANO, Octávio Bueno. *O direito do trabalho na Constituição*. Rio de Janeiro: Forense, 1993, p. 125.

11 MARTINEZ, Wladimir Novaes. *O salário de contribuição na lei básica da previdência social*. São Paulo: LTr, 1993, p. 168.

rido dispositivo não é autoaplicável, dependendo de lei ordinária para torná-lo de eficácia plena.

O Parecer CJ n. 547/96, da Consultoria Jurídica do Ministério da Previdência Social, entendeu que a contribuição previdenciária não incide sobre a participação nos lucros a partir da vigência da Medida Provisória n. 794, de 29-12-1994.

Estabelece o art. 20 da Lei n. 9.711/98 que a participação nos lucros ou resultados da empresa de que trata o inciso XI do art. 7º da Constituição, na forma de lei específica, não substitui ou complementa a remuneração devida a qualquer empregado, nem constitui base de incidência de qualquer encargo previdenciário, não se lhe aplicando o princípio da habitualidade, desde que o pagamento de qualquer antecipação ou distribuição de valores a esse título não se realize em periodicidade inferior a um semestre.

A 1ª turma do STF, por maioria, deu provimento ao recurso extraordinário interposto pelo Instituto Nacional do Seguro Social (INSS) contra acórdão do TRF da 2ª Região, que mantivera sentença concessiva de segurança para que empresa não recolhesse contribuições previdenciárias sobre a rubrica denominada "participação nos resultados", sob pena de ofensa ao art. 7º XI, da Constituição. A Corte de origem reputara que lei posterior não poderia restringir o conteúdo do aludido dispositivo, cuja parte final desvincularia, desde logo, da remuneração dos empregados a participação nos lucros ou resultados da empresa, fazendo-o para todos os fins.

De início, esclareceu-se que a questão discutida nos autos diria respeito à possibilidade ou não da cobrança de contribuição previdenciária entre a vigência da Constituição de 1988 e a Medida Provisória n. 794/94 – que dispõe sobre a participação dos trabalhadores nos lucros ou resultados das empresas e dá outras providências –, considerando lançamento fiscal anterior a esta, embora posterior àquela. Asseverou-se que a empresa pretendia que fosse levado em conta que, em qualquer circunstância, a participação estaria desvinculada da remuneração, o que inviabilizaria, por esse motivo, a cobrança da contribuição previdenciária incidente sobre essa participação desde a vigência da Constituição.

Entendeu-se que, não obstante o dispositivo constitucional haver garantido a participação nos lucros desvinculada da remuneração, impôs o exercício do direito, como um todo, à disciplina legal. Assim, tratando-se de regra constitucional que necessitaria de integração para o gozo desse exercício, concluiu-se que, se a lei veio a disciplinar esse mesmo exercício, somente a partir dessa é que se tornaria possível reconhecer o direito pleiteado pela impetrante. Com isso, reputou-se admissível a cobrança das contribuições previdenciárias até a data em que entrou em vigor a regulamentação do dispositivo.

O Min. Marco Aurélio, tendo em conta a regra específica do art. 201, § 11, da Constituição, salientou ainda não vislumbrar nessa desvinculação cláusula a abolir a incidência de tributos. Vencidos os Ministros Ricardo Lewandowski e Carlos Britto que, enfatizando os princípios da máxima efetividade da Constituição e o da proibição do retrocesso, desproviam o recurso ao fundamento de que a lei posterior não poderia ter alterado a dicção desse núcleo semântico para surpreender a recorrida com a exigência retroativa da contribuição. RE provido para julgar improcedente o pedido inicial formulado no mandado de segurança. *Precedentes citados: RE* 380636/SC (*DJU* de 24-10-2005); RE 477595/RS (*DJU* de 30-6-2006); MI 102/PE (*DJU* de 25-10-2002); MI 426/PR (*DJU* de 16-2-2006); RE 398284/RJ, rel. Min. Menezes Direito, 23-9-2008 (RE-398284).

É ineficaz a Instrução Normativa n. 1, do SNT, de 19-6-1992, ao dizer que não integra a remuneração, para efeito do depósito do FGTS, a participação nos lucros, pois contraria a Constituição e a Lei n. 8.036/90, visto que, enquanto inexistir a lei sobre participação nos lucros, o pagamento feito a esse título continuará sendo considerado como remuneração.

12

Forma

As formas que poderiam ser estabelecidas a título de participação nos lucros seriam:

a) pura e simples ou direta, em que a participação poderia ser determinada diretamente de acordo com um certo porcentual sobre o lucro;

b) indireta, podendo não ser paga em dinheiro ao empregado, mas de outras formas, até em ações;

c) participação diferida, que ficaria para o futuro;

d) contratual, decorrente do contrato de trabalho e nele prevista;

e) extracontratual, proveniente de ajuste entre as partes, que poderia ser feita por meio de acordo ou convenção coletiva;

f) individual, em que o critério utilizado relaciona-se a cada empregado;

g) coletiva, abrangendo todos os trabalhadores da empresa, sem se dar destaque individual a cada pessoa;

h) total, quando os lucros são distribuídos integralmente;

i) parcial, quando apenas parte dos lucros é distribuída;

j) geral, que é devida a todos os trabalhadores da empresa;

k) parcial, em que apenas alguns trabalhadores têm direito;

l) mista, com a utilização de vários dos critérios anteriormente mencionados de forma combinada, podendo a forma da participação ser em parte direta e parte indireta e até diferida.

Na Constituição de 1946 falava-se em participação nos lucros de maneira direta. Hoje não há mais tal determinação na Lei Maior de 1988. Entretanto, é possível dizer que a participação nos lucros pode ser dividida, quanto à forma, em direta e indireta. A direta seria a efetivamente recebida pelo empregado, de acordo com critérios previamente definidos na lei, na norma coletiva ou no regulamento da empresa, principalmente em dinheiro. A participação indireta seria sua instituição por outros meios, inclusive por intermédio de participação em ações ou quotas da empresa ou outros métodos que privassem o empregado de a receber diretamente, como no caso de sua reversão para a criação dos serviços sociais da empresa. Pode, ainda, a participação nos lucros ser imediata, a que é feita ao final de cada exercício, ou postergada, como a feita em contas especiais que serão reservadas para sua utilização pelo beneficiário em certas situações, como aposentadoria, morte etc.

A participação nos lucros poderá ser individual e coletiva. Individual aquela em que cada empregado tem sua parte especificamente fixada. Coletiva quando o valor é distribuído em conjunto a vários empregados, como de uma seção, departamento ou filial, podendo ser dividida igualmente entre os empregados do referido setor ou de outra maneira. A Constituição refere-se, contudo, à participação nos lucros, e não à partilha nos lucros, de modo que a participação pode ou não ser igual para todos os trabalhadores, dependendo dos critérios estabelecidos por lei, norma coletiva ou regulamento da empresa.

A forma da participação nos lucros pode, ainda, ser imediata – quando for apurado o lucro da empresa – ou mensal, utilizando-se de um porcentual sobre o faturamento como forma de antecipação de eventual lucro apurado. O inconveniente nesse sistema é que, se ao final do período não existir lucro, mas prejuízo, não falaremos em participação nos lucros, porém em participação no faturamento.

É possível também que se levem em conta características pessoais dos empregados, como antiguidade na empresa, cargo, assiduidade, grau de produtividade, remuneração, condições do trabalhador, se possui um número maior ou menor de filhos, ou um critério igualitário de distribuição entre cada empregado, verificando-se, porém, as características de cada empresa. A lei também poderia adotar um critério misto, compreendendo todos os elementos anteriormente mencionados ou até mesmo outros. O legislador poderia observar, ainda, um critério proporcional de participação nos lucros, como de 1/12 por mês trabalhado pelo empregado, como se verifica para férias e 13º salário. Na França, o empregado tem de ter pelo menos um ano na empresa para receber a participação nos lucros.

A participação nos lucros terá de observar determinados princípios constitucionais. Em primeiro lugar, o princípio do valor social do trabalho e da livre iniciativa (art. 1º, IV). Em segundo lugar, não se pode esquecer os objetivos fundamentais da República Federativa do Brasil, entre os quais construir uma sociedade livre, justa e solidária; garantir o desenvolvimento nacional; erradicar a pobreza e a marginalização e reduzir as desigualdades sociais e regionais; promover o bem de todos, sem preconceitos de origem, raça, sexo, cor, idade ou outras formas de discriminação (art. 3º). Em terceiro lugar, respeitar os direitos e garantias individuais, entre os quais os princípios da isonomia (art. 5º, *caput*), da não discriminação entre o trabalho manual, técnico e intelectual (art. 7º, XXXII), inclusive da mulher (art. 7º, XX), da igualdade de direitos entre o trabalhador com vínculo empregatício permanente e o trabalhador avulso (art. 7º, XXXIV); da garantia do direito de propriedade (art. 5º, XXII e XXIII). Em quarto lugar, respeitar os princípios gerais pertinentes à atividade econômica, como: seu fundamento na valorização do trabalho humano e na livre iniciativa, além dos ditames da justiça social (art. 170, *caput*); da propriedade privada (art. 170, II); da livre concorrência (art. 170, III); da redução das desigualdades regionais e sociais (art. 170, VII); da busca do pleno emprego (art. 170, VIII).

Necessariamente, porém, a participação nos lucros não precisará seguir rigidamente o princípio da isonomia, pois a divisão poderá ser feita em partes desiguais, à medida do desempenho do trabalhador na empresa, por exemplo. Na verificação dos lucros, dever-se-á observar o direito de propriedade do empregador sobre sua empresa, não se podendo instituir participação que permita sua elevação de modo a confiscar os lucros que seriam distribuídos aos proprietários da empresa.

A participação nos lucros também poderá ser feita mediante participação geral dos trabalhadores nos lucros, relativa a toda a empresa, ou parcial, em que se verificam os lucros por setores ou seções.

O porcentual dos lucros a serem distribuídos aos empregados deveria, porém, depender de acordo coletivo ou individual, que iria verificar as condições peculiares de cada empresa.

13 Empresas que Distribuirão Lucros

13.1 Introdução

As empresas que distribuirão lucros serão, de maneira geral, todas as entidades privadas.

O inciso XI do art. 7º da Constituição não versa expressamente sobre participação nos lucros das *empresas*, enquanto, ao mencionar a participação na gestão, refere-se à gestão *na empresa*. Apesar disso, a participação nos lucros será em relação à empresa, daí haver necessidade de se fazer algumas considerações em torno do conceito de empresa.

13.2 Empresa

Fábio Konder Comparato já afirmou que: "se se quiser indicar uma instituição social que, pela sua influência, dinamismo e poder de transformação, sirva de elemento explicativo e definidor da civilização contemporânea, a escolha é indubitável: essa instituição é a empresa"[1].

Verifica-se, assim, a importância da empresa nos dias de hoje, mister se fazendo estudar seu conceito.

---

1 Apud FRONTINI, Paulo Salvador. O conceito da empresa e a participação dos empregados nos seus lucros e resultados. In: *Participação dos Empregados nos Lucros*. São Paulo: Dialética, 1995, p. 51.

A empresa, à primeira vista, não deixa de ser um fato social, podendo-se até mesmo dizer que é conceito complexo e até indeterminado. Os comercialistas debatem até hoje o conceito de empresa, sendo que muitas dúvidas ainda existem sobre tal aspecto.

Pode-se dizer que a empresa tem característica eminentemente econômica e que seu conceito é encontrado, principalmente, na Economia.

Hoje, as atividades empresariais são voltadas ao interesse da produção, em oposição ao sistema anterior, em que as atividades eram mais artesanais ou familiares.

Numa concepção econômica, empresa é a combinação dos fatores da produção: terra, capital e trabalho. O trabalho é remunerado com salário. O capital, com juros e a terra, com renda. Hodiernamente, a empresa tem, portanto, suas atividades voltadas para o mercado.

Seria possível lembrar que a empresa é um centro de decisões, em que são adotadas as estratégias econômicas, ou, até mesmo, uma organização da atividade econômica do empresário.

Na concepção jurídica, empresa é a atividade exercida pelo empresário.

Empresa é a atividade organizada para a produção ou circulação de bens e serviços para o mercado, com fito de lucro. É conceito econômico, ao se falar em produção de bens e serviços para o mercado. O profissional autônomo não exerce sua atividade econômica sob a forma de empresa, pois não se utiliza de uma organização para tanto. A empresa tanto poderá ser firma individual ou pessoa jurídica, desde que haja a organização da atividade econômica, o que pode ser feito por uma firma individual que explore atividade civil ou comercial.

O essencial em qualquer empresa, por natureza, é que ela é criada com a finalidade de se obter lucro na respectiva atividade. Normalmente, o empresário não tem por objetivo criar empresa que não tenha por finalidade o lucro. A exceção à regra são as associações beneficentes, as cooperativas, os clubes, os sindicatos etc. Lógico, também, que a empresa pode ter por finalidade a obtenção de outros fins, porém o principal é o de alcançar o lucro. É, porém, possível dizer que a finalidade principal da empresa não é o lucro, pois este constitui o resultado da atividade empresarial.

Antigamente, resolvia-se o estudo de um determinado conceito sempre pela ideia da propriedade, do contrato, da sociedade etc. Hoje, temos que analisar, ainda, outros fatores. O Estado também imiscui-se na empresa, retirando dela tributos. Os acionistas procuram conjugar seus esforços com seus empregados, daí surgindo a participação nos lucros e na gestão, propiciando a melhor interação das partes para que a empresa possa produzir. Mesmo a liberdade das condições de contratação no trabalho passa a ser ceifada pelo interesse de proteção do Estado.

A empresa também não deixa de ser explicada como uma abstração, podendo-se entender que seria uma ficção legal. A relação entre as pessoas e os meios para o exercício da empresa levam à abstração, em que a figura mais importante seria, na verdade, o empresário, preponderando a organização do capital e do trabalho por este último. Do exercício da atividade produtiva somente se tem, portanto, uma ideia abstrata.

Enfim, o conceito de empresa não é essencial só no Direito do Trabalho, nem é pacífico no âmbito dos doutrinadores, mas ajuda a desenvolver e estudar sua concepção para os efeitos da participação nos lucros. O certo é que o conceito de empresa é principalmente utilizado no Direito do Trabalho, Comercial, Tributário e Econômico. A empresa é, de certa forma, a principal arrecadadora de tributos. No Direito do Trabalho a empresa, normalmente, é o empregador. A própria CLT define o empregador como a empresa (art. 2º). No Direito Comercial o centro das preocupações é a empresa, como ela nasce, vive e deixa de existir, inclusive de maneira anormal, como nas falências e concordatas. No Direito Econômico também se estuda a empresa, pois esta é um dos principais polos da atividade econômica.

A empresa, entretanto, não se confunde com o estabelecimento, que é o lugar em que o empresário exerce suas atividades, em que são formados os preços, a distribuição dos recursos, onde ficam os estoques. O estabelecimento ou fundo de comércio (*azienda*) é o conjunto de bens operados pelo comerciante, sendo uma universalidade de fato, ou seja, objeto e não sujeito de direito. O estabelecimento compreende as coisas corpóreas existentes num determinado lugar da empresa, como instalações, máquinas, equipamentos, utensílios etc., e as incorpóreas, como a marca, as patentes, os sinais etc.

Não se pode, porém, dizer que a empresa é a unidade econômica e o estabelecimento a unidade técnica, pois, nos casos em que a empresa possui um único estabelecimento, a unidade econômica se confundiria com a técnica. De outro lado, há empresas que são móveis, como as teatrais, os circos etc. Entretanto, não estamos estudando a participação nos lucros do estabelecimento, mas a participação nos lucros da empresa.

Distingue-se também a empresa da pessoa do proprietário, pois uma empresa bem gerida pode durar anos, enquanto o proprietário falece. É a ideia do conceito de instituição, em que instituição é aquilo que perdura no tempo. O empresário é aquele que exercita profissionalmente a atividade economicamente organizada visando à produção de bens ou serviços para o mercado, isto é, o titular da pessoa que explora a atividade econômica e tira dela seus lucros. Nesse conceito, verifica-se que o empresário não é aquele que exerce sua atividade eventualmente, mas habitualmente, com características profissionais.

Quem assume, ao final, os riscos do empreendimento é o empresário, que se beneficia dos lucros e se expõe aos prejuízos. Algumas das regras do Direito Tutelar do Trabalho destinam-se, porém, ao estabelecimento, como as relativas à medicina e segurança do trabalho, sem esquecer também que no conceito de empresa há de se analisar os grupos de empresas.

Várias concepções de empresa podem ser estudadas. No aspecto subjetivo, corresponderia ao sinônimo de empresário; no aspecto funcional, compreenderia a atividade econômica organizada; no aspecto objetivo, em que se utiliza a expressão italiana *azienda*, compreenderia o conjunto de bens patrimoniais destinados ao exercício da atividade empresarial; no corporativo ou inconstitucional, que diz respeito à organização de pessoas, estariam incluídos o empresário e seus auxiliares[2]. Essas teorias foram desenvolvidas pelo jurista italiano Alberto Asquini[3].

A posição subjetiva é a que considera a empresa como sujeito de direitos, sendo decorrente da definição de empresário do art. 2.082 do Código Civil italiano. Antigamente, essa teoria via a empresa como o empresário, que é a ideia decorrente do Direito italiano. Havia, porém,

2 BARRETO FILHO, Oscar. Formas jurídicas da empresa pública. *Revista da Faculdade de Direito da Universidade de São Paulo*, LXXII, 1977, p. 400.

3 ASQUINI, Alberto. Profili dell'imprensa. *Rivista di Diritto Commerciale*, XLIII, 1943.

necessidade de se distinguir o empresário da empresa, eis que não se confundem. Assim, a empresa é fonte de condições de trabalho e de organização e, em decorrência, traz consequências jurídicas.

A posição funcional compreende o desenvolvimento profissional de uma atividade e a organização dos meios para tanto, como da produção, visando à prestação de serviços ou produção de bens. É a combinação do capital e do trabalho na produção. A atividade pressupõe continuidade, duração e, ao mesmo tempo, orientação, que tem por objetivo dirigir a produção para o mercado. Alguns autores costumam dizer que a empresa é o fundamento do comércio. O empresário seria, entretanto, o sujeito da empresa. Esta seria a atividade; e o estabelecimento, o meio destinado à consecução dos objetivos da empresa. Assim, poderíamos dizer que a empresa se caracteriza como a atividade profissional do empresário, porém não de qualquer maneira, mas de forma organizada.

A posição objetiva entende que tanto a empresa como o estabelecimento constituem a finalidade do empresário. A empresa também poderia ser a forma do exercício do estabelecimento. O estabelecimento seria estático e a empresa seria compreendida num conceito dinâmico, correspondendo, portanto, a um bem imaterial. Seria possível ver a empresa não como pessoa jurídica, mas como objeto e não como sujeito de direito, porque a empresa é uma forma de atividade do empresário. O sujeito de direito, assim, seria o empresário. Se entendermos, porém, que a atividade pode se constituir em objeto de direito sob certa tutela jurídica, a empresa pode ser considerada como objeto de direito.

A teoria institucional é definida por Maurice Hauriou[4] e Georges Rennard[5]. A instituição seria uma coisa imóvel, que vai se modificando em estágios sucessivos. Seria, portanto, a instituição aquilo que perdura no tempo, tendo acepção de algo durável, contínuo, aquilo que surge para durar. Poderíamos lembrar a expressão popular: os homens passam, as instituições ficam. À medida que o conceito de empresa vai se desenvolvendo é que ela vai adquirindo autonomia jurídica. Não se pode negar que uma empresa tem um aspecto real, de instituição, pois, mesmo que a lei

4 HAURIOU, Maurice. *Aux Sources du Droit*. Paris: BLoud & Gay, s. d.

5 RENNARD, Georges. *La theorie de l'institution*. Paris: Sirey, 1930, p. 262.

dissesse que a empresa não seria empresa, ela continuaria existindo, ou as coisas continuariam existindo. A empresa desprende-se de seu criador e passa a ter realidade objetiva, cumprindo os fins que lhe são inerentes.

O certo é que, na economia moderna, a empresa tem várias funções, em que são múltiplos os interesses a serem analisados: dos proprietários, dos administradores, dos empregados, da comunidade, do Estado etc. A empresa, portanto, não se subordina apenas aos interesses dos empresários. Uma das principais características desse desenvolvimento foi a dissociação entre a propriedade e o controle. Só os proprietários que têm maioria na empresa é que detêm seu controle, que pode ser, inclusive, feito pela minoria. Pode acontecer de haver uma pulverização das ações ou cotas da empresa, em que ninguém efetivamente detém o controle, porém quem dirige a empresa é o gerente, o administrador, ou algo semelhante. Os próprios trabalhadores têm crescente participação na empresa, chegando-se, hoje, à participação na gestão e, inclusive, nos lucros.

O art. 6º da Lei n. 4.137, de 10-9-1962, que já foi revogado, considerava empresa "toda organização de natureza civil ou mercantil destinada à exploração, por pessoa física ou jurídica, de qualquer atividade com fins lucrativos".

A Constituição emprega o termo "empresa" no inciso XI do art. 7º, quando trata da participação da gestão da empresa; no art. 11, quando reza que, "nas empresas com mais de 200 empregados, é assegurada a eleição de um representante destes com a finalidade exclusiva de promover-lhes o entendimento direto com os empregadores"; os incisos XVII e XIX do art. 37 falam em empresa pública; na alínea *a* do inciso I do art. 54 verifica-se que "os deputados e senadores não poderão, desde a expedição do diploma, firmar ou manter contrato com pessoa jurídica de direito público, empresa pública (...)"; na alínea *a* do inciso II do art. 54, quando versa que "os deputados e senadores não poderão, desde a posse, ser proprietários, controladores ou diretores de empresa"; no inciso V do art. 71, quando menciona que ao Congresso Nacional, com o auxílio do Tribunal de Contas da União, compete "fiscalizar as contas nacionais das empresas supranacionais"; nos incisos I e II do art. 171, revogados pela Emenda Constitucional n. 6, de 15-8-1995, quando especificavam os conceitos de empresa brasileira e empresa brasileira de capital nacional; os §§ 1º a 3º do art. 173 mencionam as expressões *empresa pública* e *empresa privada*;

o inciso I do parágrafo único do art. 175 reza que a lei disporá sobre o regime das empresas concessionárias ou permissionárias de serviços públicos; o art. 179 menciona tratamento diferenciado para as empresas de pequeno porte. O antigo inciso II do art. 171 trazia a definição de empresa brasileira de capital nacional. Parece que esses conceitos de empresa não são os mesmos, sendo que a palavra "empresa", a que se referem o inciso XI do art. 7º e o art. 11, diz respeito a questões trabalhistas ou até poderia dizer respeito ao empregador, enquanto os demais conceitos têm uma natureza mais de Direito Comercial. Não seria, porém, atribuição da Constituição ficar conceituando empresa, daí a necessidade de que a lei ordinária esclareça o conceito, dizendo quem é que se considera empresa para efeito da participação nos lucros, evitando, com isso, várias dúvidas.

São contribuintes do imposto de renda a pessoa jurídica e as empresas individuais. O inciso II do art. 158 da mesma norma mostra que a empresa individual, para os efeitos do imposto de renda, é equiparada à pessoa jurídica. O § 1º do art. 162 do RIR reza que são empresas individuais: a) os empresários (art. 966 do Código Civil); b) as pessoas físicas que, em nome individual, explorarem, habitual e profissionalmente, qualquer atividade econômica de natureza civil ou comercial, com o fim especulativo de lucro, mediante venda a terceiros de bens ou serviços; c) as pessoas físicas que promovam a incorporação de prédios em condomínio ou loteamento de terrenos. Aqui temos, portanto, um conceito de empresa para fins de imposto de renda.

O inciso I do art. 15 da Lei n. 8.212/91 (Lei de Organização da Seguridade Social e Plano de Custeio) também traz seu conceito de empresa: "a firma individual ou sociedade que assume o risco de atividade econômica urbana ou rural, com fins lucrativos ou não, bem como os órgãos e entidades da Administração Pública direta, indireta e fundacional". O mesmo conceito é repetido no inciso I do art. 12 do Regulamento da Previdência Social. Esse conceito de empresa, contudo, somente serve para efeitos de custeio da seguridade social.

O art. 2º da CLT também diz que o empregador é a "empresa individual ou coletiva, que, assumindo os riscos da atividade econômica, admite, assalaria e dirige a prestação pessoal de serviços". No âmbito do Direito do Trabalho, o predomínio da análise da empresa como instituição foi se desenvolvendo a partir de vários estudos. A empresa seria, assim, uma instituição de direito privado, que tem por objetivo desenvolver função econômico-social, predominando sobre o interesse particular ou individual das partes. O que interessa é o social, o grupo[6].

Nota-se, pelo exposto, a dificuldade em se definir a empresa para efeito da participação nos lucros.

13.3 Quem irá distribuir os lucros

O Estado não poderá estar incluído no conceito de empresa, até porque não visa ao lucro, razão pela qual não poderá distribuir lucros. E quando o Estado contrata empregados sob o regime da CLT, equiparando-se ao empregador de que trata o art. 2º da CLT? Nesse caso, o empregado deveria ter direito à participação nos lucros; porém, se o Estado não visa ao lucro, como resolver a questão? A lei ordinária deverá tratar do tema, prevendo, talvez, uma forma de participação no resultado que o empregado conseguir para o Estado.

Cabe lembrar, contudo, que a empresa pública e a sociedade de economia mista que explorem atividade econômica sujeitam-se ao regime jurídico próprio das empresas privadas, inclusive no que diz respeito às obrigações trabalhistas (inciso II, do § 1º do art. 173 da Constituição). Isso quer significar que essas entidades deverão distribuir lucros aos seus empregados, caso o resultado do exercício seja positivo.

Algumas empresas também poderiam ficar excluídas da distribuição de lucros, como as microempresas e empresas de pequeno porte, pois a lei poderia instituir tratamento diferenciado a elas, com vistas a incentivá-las, pela simplificação de obrigações tributárias, previdenciárias e trabalhistas, como explicita o art. 179 da Constituição. Assim, as microempresas poderiam não distribuir lucros a seus empregados, ou se poderia adotar um critério como o do legislador francês, que prevê o referido pagamento apenas para empresas com mais de 100 empregados. Não se poderia dizer que tal critério seria inconstitucional, pois a própria Constituição determina que deve haver tratamento diferenciado para a microempresa.

---

6 MESQUITA, Luiz José de. *Direito disciplinar do trabalho*. 2. ed. São Paulo: LTr, 1991. p. 37.

A interpretação sistemática do inciso XI do art. 7º e do art. 179 da Constituição mostra que a participação nos lucros depende de lei, além do que a própria lei poderá prever tratamento diferenciado para as microempresas, com base no último artigo da Norma Ápice. O próprio inciso IX do art. 170 da Constituição estabelece o princípio do tratamento favorecido para as empresas de pequeno porte constituídas sob as leis brasileiras, que deve, inclusive, ser conjugado com o princípio da valorização do trabalho humano, previsto no *caput* do mesmo artigo.

Poderia também ser estabelecido como critério que as empresas maiores distribuiriam porcentual maior de participação nos lucros a seus empregados e as microempresas ou empresas de pequeno porte teriam porcentual inferior, que seria até mesmo um ponto de equilíbrio para resolver a situação. A Lei Complementar n. 123/2006, que trata de estabelecer normas para as microempresas e empresas de pequeno porte, não previu critério diferenciado para a participação nos lucros de seus empregados.

Os profissionais liberais ou autônomos não são empresas, pois atuam individualmente, sem ser sob a forma de sociedade. Entretanto, os profissionais liberais ou autônomos têm lucro num certo período, ou até conseguem resultados positivos no referido período, daí por que é necessário equipará-los, para os fins da participação nos lucros, a empresas. A CLT já equipara a empregador os profissionais liberais, desde que admitam empregados (§ 1º do art. 2º).

O inciso I do art. 15 da Lei n. 8.212/91 considera, para fins previdenciários, como empresa "a firma individual ou sociedade que assume o risco de atividade econômica urbana ou rural, com fins lucrativos ou não, bem como os órgãos e entidades da Administração pública direta, indireta ou fundacional". Nota-se desta definição legal que é empresa a firma individual. Melhor, contudo, seria dizer "a pessoa física que explora uma atividade econômica", que seriam os profissionais liberais ou autônomos, assim como são empresas os órgãos e entidades da Administração Pública direta, indireta e fundacional.

O que interessa para a referida definição é se tais pessoas têm trabalhadores que lhes prestam serviços. Talvez pudéssemos utilizar o mesmo critério. Bastaria, assim, que a lei ordinária sobre participação nos lucros dissesse o que é empresa, ou, então, dissesse que, para esses fins, empresa equipara-se ao conceito de empregador, ou seria empresa aquela pessoa física ou jurídica que tivesse empregados ou trabalhadores que lhe prestam serviços, resolvendo o problema. De outra forma, os profissionais liberais que se associam, como os advogados, montando uma banca de advocacia, serão considerados como empresa e serão empregadores, tendo seus empregados direito à participação em lucros.

Melhor seria que a participação nos lucros fosse feita por empresa, ainda que esta esteja dentro de um grupo de empresas. Assim, a participação nos lucros seria distribuída em relação a cada empresa do grupo, não em relação ao grupo como um todo, pois o grupo é considerado pelo § 2º do art. 2º da CLT como o empregador, para efeito da relação de emprego; não é a empresa, mas contém várias empresas.

14
Beneficiários

A Constituição de 1946 não fazia distinção entre trabalhadores que teriam direito à participação nos lucros, pois o *caput* do art. 157 rezava apenas que "a legislação do trabalho e da previdência social obedecerão aos seguintes preceitos, além de outros que visem à melhoria da condição dos *trabalhadores* (...)", sendo que o inciso IV também estabelecia a "participação obrigatória do *trabalhador* nos lucros da empresa, nos termos e na forma que a lei estabelecer".

O *caput* do art. 158 da Constituição de 1967 determinava que "a Constituição assegura aos *trabalhadores* os seguintes direitos, além de outros que, nos termos da lei, visem à melhoria de sua condição social (...)", sendo que o inciso V mencionava a participação nos lucros, que também se depreendia que seria em relação ao trabalhador, pois o início da oração mencionava "integração do *trabalhador* na vida e no desenvolvimento da empresa".

O *caput* do art. 165 da Emenda Constitucional n. 1/69 repetia o *caput* do art. 158 da Constituição de 1967, porém, o inciso V não era expresso no sentido de que haveria a integração do trabalhador na vida e no desenvolvimento da empresa, tendo sido retirada a expressão "trabalhador" do referido inciso.

Apesar de tudo, as referidas Constituições determinavam, portanto, a participação nos lucros de maneira genérica a todo trabalhador, de acordo com as condições que viessem a ser estabelecidas em lei ordinária.

A Norma Magna de 1988 muda a redação que era observada nas Constituições anteriores, pois o *caput* do art. 7º explicita que "são direitos dos trabalhadores urbanos e rurais, além de outros que visem à melhoria de sua condição social (...)".

À primeira vista, poder-se-ia entender que qualquer trabalhador urbano e rural teria direito à participação nos lucros, pois a Constituição emprega a expressão "trabalhadores". Entretanto, não é bem assim, havendo necessidade de uma interpretação sistemática da Lei Fundamental, até porque a legislação trabalhista não define trabalhador.

Trabalhador seria, contudo, o gênero, do qual seriam espécies o empregado, o empregado doméstico, o empregado rural, o trabalhador temporário, o trabalhador avulso, o trabalhador autônomo e até o empresário e o funcionário público, que não deixam de ser trabalhadores. Parece que o legislador constituinte, quando quis se referir a trabalhador, estava indicando, porém, o sentido de que essa pessoa seria o empregado, pois, numa interpretação sistemática dos vários incisos do art. 7º da Constituição, verifica-se que somente o empregado, de maneira geral, é que terá direito ao seguro-desemprego, pois o doméstico, o empresário, o funcionário público e o trabalhador autônomo não o terão.

A Lei Maior, todavia, fez expressa referência de que não seriam apenas os trabalhadores urbanos que teriam direito à participação nos lucros, mas também os trabalhadores rurais, visando a que estes não tivessem qualquer discriminação em relação aos urbanos. A Lei Maior pretendeu, por conseguinte, não fazer distinção entre os direitos dos trabalhadores urbanos e rurais, equiparando, assim, esses direitos. Logo, há igualdade quanto a direitos dos trabalhadores urbanos e rurais, sendo que estes últimos também passam a ter direito à participação nos lucros de maneira expressa na Lei Maior de 1988.

Dentro do conceito de trabalhador urbano entendo que estão incluídos os empregados de condomínios, pois o art. 1º da Lei n. 2.757, de 23-4-1956, estabelece que não são empregados domésticos, mas sujeitos às regras normais da CLT. Logo, teriam direito não à participação nos lucros, pois o condomínio não visa ao lucro, mas à participação nos resultados. O difícil será dizer como se dará essa participação, dada a situação peculiar dessas pessoas.

Os trabalhadores avulsos também foram aquinhoados com o direito ao benefício, pois o inciso XXXIV do art. 7º da Constituição outorga a "igualdade de direitos entre o trabalhador com vínculo empregatício permanente e o trabalhador avulso". Tanto faz, portanto, se o trabalhador avulso é urbano ou rural, até mesmo porque a legislação previdenciária define trabalhador avulso como o que "presta, a diversas empresas, sem vínculo empregatício, serviços de natureza *urbana* ou *rural* definidos no regulamento" (art. 12, VI, da Lei n. 8.212/91).

O difícil será explicar como dividir lucros ao trabalhador avulso, pois presta serviços por pouco tempo às empresas e não haveria como saber se a empresa teria lucro ou não. De outro lado, não poderia o trabalhador avulso ter direito a lucros do sindicato, pois não é empregado deste, porque a agremiação funciona como mera intermediária na colocação de mão-de-obra, inexistindo subordinação entre o trabalhador e o sindicato, eis que este apenas verifica as empresas que necessitam de trabalho e os trabalhadores interessados na prestação de serviços, cobra a remuneração das primeiras e faz o rateio entre os últimos. Talvez uma forma de fazer com que o trabalhador avulso passasse a ter direito à participação nos lucros fosse cobrar um porcentual das empresas nesse sentido, que seria posteriormente rateado pelo sindicato entre os trabalhadores que prestaram serviços àquela empresa; porém, tal critério não teria por base o lucro, que não seria quantificável, além do que seria discutível sua constitucionalidade.

Os empregados domésticos foram excluídos do direito à participação nos lucros, pois o parágrafo único do art. 7º da Constituição não faz remissão ao inciso XI do mesmo artigo, até porque o empregador doméstico não tem por objetivo o lucro. A Constituição manda aplicar ao doméstico apenas os direitos previstos nos incisos IV, VI, VII, VIII, X, XIII, XV, XVI, XVII, XVIII, XIX, XXI, XXII, XXIV, XXVI, XXX, XXXI e XXXIII e, atendidas as condições estabelecidas em lei e observada a simplificação do cumprimento das obrigações tributárias, principais e acessórias, decorrentes da relação de trabalho e suas peculiaridades, os previstos nos incisos I, II, III, IX, XII, XXV e XXVIII, bem como a sua integração à previdência social. A própria definição de empregado doméstico estabelece que esse trabalhador é o que presta serviços, a pessoa ou família, que não tenham por intuito atividade lucrativa (art. 1º da Lei no Lei Complementar n. 150/2015). Logo, não poderia haver direito do doméstico à participação em lucros.

Poder-se-ia argumentar que o trabalhador temporário também teria direito à participação nos lucros, pois não deixa de ser um trabalhador. Entretanto, a Constituição não mencionou nenhum direito ao trabalhador temporário, embora o tivesse expressamente feito em relação ao urbano e rural, ao avulso (inciso XXXIV do art. 7º) e ao doméstico (parágrafo único do art. 7º). Isso quer dizer que o trabalhador temporário não tem seus direitos especificados na Constituição, mas são dependentes do que a lei ordinária estabelecer a respeito. Logo, os direitos do trabalhador temporário são dependentes da legislação ordinária.

A Lei n. 6.019/74 é que trata do assunto e não prevê a participação nos lucros, pois o art. 12 especifica os seguintes direitos: remuneração equivalente à percebida pelos empregados da mesma categoria da empresa tomadora calculada à base horária ou do salário mínimo; férias proporcionais; repouso semanal remunerado; adicional noturno; indenização, que fica substituída pelo FGTS; seguro contra acidentes do trabalho; proteção previdenciária e registro na CTPS. A Lei n. 9.011, de 30-3-1995, acrescenta o § 3º ao art. 1º da Lei n. 4.090/62, que trata do 13º salário, dizendo que na extinção dos contratos a prazo há o direito ao 13º salário proporcional (inciso I), o que também se aplicaria ao contrato de trabalho temporário, que não deixa de ser um contrato de trabalho a prazo. Assim, a legislação ordinária é que teria de prever a forma da participação nos lucros para o trabalhador temporário, pois a Lei n. 6.019/74 é omissa nesse sentido, além de ser anterior à Constituição de 1988.

Entretanto, seria difícil estabelecer um critério de distribuição de lucros aos trabalhadores temporários, pois estes ficam na empresa cliente por no máximo 180 dias, ou seja, não há continuidade muito grande do contrato de trabalho, sendo que seria bastante tormentoso determinar proporcionalmente como seria essa participação, até porque, em certos meses do ano, a empresa poderia ter ou não lucro.

Os servidores públicos também não terão direito ao citado benefício, visto que o § 3º do art. 39 da Lei Maior não faz referência ao inciso XI do seu art. 7º. O citado parágrafo manda aplicar aos servidores públicos civis o salário mínimo; irredutibilidade salarial; garantia de salário, nunca inferior ao mínimo, para os que percebem remuneração variável; 13º salário; remuneração do trabalho noturno superior ao diurno; salário-família; duração de trabalho de 8 horas diárias e 44 semanais; repouso semanal remunerado; horas extras com adicional de 50%; férias mais 1/3; licença à gestante de 120 dias; licença-paternidade; redução dos riscos inerentes ao trabalho, por meio de normas de segurança, saúde e higiene; proibição de diferença de salários, de exercício de funções e de critério de admissão por motivo de sexo, idade, cor ou estado civil (art. 7º, IV, VI,

VII, VIII, IX, XII, XIII, XV, XVI, XVII, XVIII, XIX, XX, XXII e XXX, da Constituição). Como se vê, o inciso XI do art. 7º da Constituição não foi arrolado como direito dos servidores públicos civis da Administração direta, incluindo os dos Poderes Executivo, Legislativo e Judiciário, justamente porque essas atividades, por natureza, não têm por intuito o lucro.

Aos empregados públicos, regidos pela CLT, haveria direito de participação nos lucros ou resultados. Ocorre que, no âmbito federal, todos os funcionários hoje são estatutários, de acordo com a Lei n. 8.112/90, inexistindo funcionários celetistas. No entanto, em relação aos funcionários do Estado, Distrito Federal e Municípios regidos pela CLT, haveria direito de participação nos resultados, pois esses órgãos estariam despidos de seu poder de império, estando submetidos às regras pertinentes à contratação de trabalhadores, como qualquer empresa privada. Nesse caso, observar-se-ia o inciso XI do art. 7º da Constituição. Entretanto, seria necessário definir os critérios de como seria o pagamento da participação nos resultados dessas entidades, sob pena de não ser possível exercitar o direito, o que poderia ser feito se for considerado que tais entes não são produtores de lucros, mas de resultados.

Os funcionários de autarquias e fundações públicas que forem regidos pela CLT também teriam direito à participação nos lucros. No entanto, essas entidades não têm por objeto o lucro. Assim, a única forma seria fazer com que o empregado tivesse participação nos resultados de tais entidades, conforme fosse definido em lei.

Os militares também não têm direito à participação nos lucros, pois o Estado, a quem prestam serviços, não tem por objetivo o lucro e, nesse aspecto, não pode ser considerado como empresa. O inciso VIII do art. 142 da Constituição especifica que os militares têm direito a 13º salário, salário-família, férias mais 1/3, licença à gestante de 120 dias, licença-paternidade e assistência gratuita aos filhos e dependentes, desde o nascimento até cinco anos de idade em creches e pré-escolas (incisos VIII, XII, XVII, XVIII, XIX, XXV do art. 7º). Não se faz remissão, portanto, ao inciso XI do art. 7º da Constituição, não se aplicando, por conseguinte, a participação nos lucros aos militares.

As empresas públicas, sociedades de economia mista e outras entidades que explorem atividade econômica sujeitam-se ao regime jurídico próprio das empresas privadas, inclusive no tocante às obrigações trabalhistas, nos termos do § 1º do art. 173 da Constituição. Assim, quando essas empresas contratam funcionários, o regime é o da CLT, isto é, estão adstritas às obrigações e à legislação trabalhista, sendo aplicável o inciso XI do art. 7º da Lei Maior. Dessa forma, têm direito os seus funcionários à participação nos lucros. Em relação à Petrobrás, o art. 35 da Lei n. 2.004, de 3-10-1953 – norma legal que criou a referida sociedade de economia mista –, assegura a participação nos lucros aos empregados da referida empresa. O § 2º do art. 9º do Decreto-Lei n. 1.971, de 30-11-1982, que foi introduzido pelo Decreto-Lei n. 2.100, de 28-12-1983, determinou aos funcionários e dirigentes das entidades estatais cujos estatutos tratem de participação nos lucros o direito ao referido benefício, sendo vedado considerar no cálculo a parcela resultante do saldo credor da conta de correção monetária (lucro inflacionário), sendo que a Súmula 336 do TST entendeu constitucional a referida alteração.

Não podemos esquecer que os empregados de profissionais liberais ou autônomos também terão direito à participação nos lucros, pois são trabalhadores urbanos e rurais. Os empregados de entidades beneficentes, que não visam ao lucro, de clubes, das associações recreativas ou outras instituições sem fins lucrativos têm direito à participação no resultado que o empregado obtiver para seu empregador. A dificuldade será dizer como ficará a forma de participação em relação às primeiras pessoas, já que nem balanços estão obrigadas a apresentar, justamente porque não são empresa.

É possível dizer que entre certos trabalhadores haja diferenças de tratamento para efeito de participação nos lucros, como em relação ao trabalhador avulso, ao temporário, dada a relação peculiar que possuem, que é a descontinuidade na prestação dos serviços para uma mesma empresa. De outro lado, também seria possível estabelecer critério diferenciado para os trabalhadores celetistas dos Estados, Distrito Federal, Municípios, suas autarquias e fundações, empresas que não têm atividade lucrativa, que teriam por base o resultado alcançado pelo empregado para as referidas instituições.

Também se poderia falar em relação aos profissionais liberais ou autônomos, que não têm lucro, pois não são considerados empresas, mas seus empregados conseguem resultados para as referidas pessoas, que, portanto, deveriam ser levados em conta como forma de participação.

Não poderá, porém, haver critério de discriminação na participação nos lucros entre homens e mulheres, que são iguais em direitos e obrigações (art. 5º, I, da Constituição). Também não poderá haver diferença de critério de participação por motivo de sexo, idade, cor ou estado civil (art. 7º, XXX, da Norma Ápice), nem quanto ao trabalho manual, técnico e intelectual ou entre os profissionais respectivos (art. 7º, XXXII, da Lei Maior).

Alguns países costumam distribuir ações das empresas aos empregados, como um sistema alternativo de participação nos lucros; porém, normalmente, os empresários não têm esse interesse, pois pensam que poderão perder o controle sobre a empresa.

É certo que a lei poderá especificar critérios para os trabalhadores verificarem a exatidão dos lucros apurados, seja por meio de auditoria, de uma comissão ou até por intermédio do sindicato. Todavia, essa concepção deve ser cuidadosamente pensada, pois poderão ser divulgadas informações confidenciais para os concorrentes, prejudicando o desempenho da própria empresa. Poder-se-ia também atribuir uma sanção para os que divulgassem os segredos das empresas, punindo a divulgação, talvez até mesmo como crime.

15
Vantagens e Desvantagens

A participação nos lucros, para alguns, seria uma forma de transição do capitalismo para o socialismo, de maneira que houvesse uma gradativa divisão da propriedade dos meios de produção. Não há dúvidas, também, de que o trabalho contribui para o lucro das empresas, sendo necessário assegurar aos trabalhadores a participação nos resultados positivos das empresas. São, porém, apontadas vantagens e desvantagens em sua instituição.

Seriam vantagens da participação nos lucros: introdução de um sistema de flexibilização dos direitos trabalhistas; maior eficiência na empresa ou sua recuperação e maior capacidade de crescimento; melhor integração do trabalhador na empresa, com consequente aumento de produtividade; estímulo à produtividade nas empresas e à manutenção dos postos de trabalho; as empresas que a quisessem conceder não teriam mais a incidência das contribuições do FGTS e previdenciária, nem a participação teria natureza de salário, pois é desvinculada da remuneração; uma forma de instituição de salário variável ou flexível, que também envolvesse o fator desempenho do trabalhador para a realização de resultados para a empresa; a participação nos lucros valorizaria um ambiente psicológico favorável, de harmonia entre o capital e o trabalho; desenvolvimento da ideia da melhoria da gestão, de modo a adaptar-se à concorrência e competitividade exigidas na globalização da economia; estímulo ao empregado para produzir, gerando clima de reciprocidade entre trabalhador e empregador, que só irá gerar benefícios e ganhos para a empresa. Seria a saída para menores encargos por parte das empresas, pois poderiam remunerar o empregado com um salário fixo, que seria baixo, e um salário variável, que poderia ser alto. Isso implicaria redução dos custos fixos da empresa e barateamento de seu produto final; o aspecto remuneração poderia implicar garantia de empregos, contratação de mais empregados e diminuição do desemprego e até menos inflação; seria um meio, inclusive, de assegurar a sobrevivência da empresa. Tal meio não poderia ser considerado uma vantagem unilateral, pois a continuidade da empresa depende de vários fatores, inclusive externos a ela, como a própria inflação, o governo e sua política, mas o certo é que poderia minorar os problemas da empresa; aperfeiçoar a relação entre o capital e o trabalho; evitar conflitos sociais na empresa; condicionar a remuneração ao desempenho obtido na empresa; o empregado, além de receber seu salário, em virtude dos resultados normais que obteve para a empresa, receberia um *plus* pelos lucros e pelo seu desempenho; a participação vem a ser uma forma moderna de se gerir a empresa; trata-se de forma democrática de dividir as relações entre o capital e o trabalho; servirá para mostrar a maturidade do Brasil em questão de relações de trabalho em comparação com outros países do mundo, que já a possuem; as empresas terão que desenvolver sua competência em matéria de gestão de forma a atingir a competitividade que é necessária na globalização da economia e até para efeitos internacionais e de concorrência; será uma forma de distribuição de renda. Para a empresa, o pagamento semestral implica uma folga no fluxo de caixa, que não precisa pagar uma despesa mensal. O empregador pode deduzir a participação como despesa operacional.

Quanto às desvantagens, os sindicatos, podem entender que há perda de certos benefícios diretos e concretos do trabalhador, preferindo um aumento real de salário ou estabilidade: os trabalhadores não gostam de remuneração variável, que muitas vezes é condicionada à existência de lucros, pois, se a empresa tiver prejuízos, nada irão perceber; por definição, o empregador (art. 2º da CLT) é que assume os riscos da atividade econômica, que não poderiam ser transferidos ao empregado na existência de prejuízos; esforço maior do empregado para atingir o que precisa; incerteza para o empregado, que não sabe quanto vai ganhar; trabalhadores de diferentes empresas da mesma categoria econômica poderiam ter salários diferentes; normalmente, os projetos de lei diziam que o conceito de lucros seria o para efeito de imposto de renda, que sabidamente é inexato, dependente de técnicas contábeis, mostrando que o lucro não é um elemento certo e seguro, o que redundaria em prejuízo ao trabalhador; numa economia inflacionária, a apuração do lucro pode ou não ser concreta, dependendo dos critérios utilizados, mostrando outra incerteza ao trabalhador; poderia haver inibição da contratação de novos trabalhadores pelos próprios empregados, que não iriam querer dividir os lucros porventura conquistados entre um maior número de pessoas; as empresas podem não ter interesse na distribuição de lucros, pois tal método seria uma forma de descapitalização e ausência de investimentos; as empresas não gostam da ingerência do governo em querer resolver a questão da participação nos lucros, que deveria ficar ao livre-arbítrio dos empregadores, inclusive porque força-os a negociar com os empregados; os empregadores também não têm interesse na participação nos lucros, pois não querem ter fiscais permanentes na empresa, que vigiem seu faturamento e seu lucro, que são justamente os empregados, que seriam os maiores interessados em que a empresa venda com nota fiscal e tenha lucros, não sonegando receita; nas empresas em que o sindicato costuma atrapalhar ou dificultar processos internos, não haverá interesse em conceder a participação nos lucros, mas apenas o cumprimento do que for previsto como mínimo na lei; o trabalhador também pode não se sentir empolgado em produzir mais, já que não vê grande diferença no acréscimo em seu salário, além do que tem um salário certo assegurado durante o mês; nosso trabalhador ainda não está preparado cultural e psicologicamente para a participação nos lucros, simplesmente porque não entende os objetivos e a cultura da empresa; se para o empregado o valor é pequeno, para a empresa representa valor significativo, que poderia ser investido de outra forma ou até distribuído aos próprios investidores da sociedade; os empregados não se interessam por participação que não seja em dinheiro, repudiando a participação em ações ou quotas da empresa; num exame mundial a respeito da participação nos lucros, verifica-se que mais foram as empresas que abandonaram seus planos de participação do que o inverso, principalmente por meio de sistemas compulsórios, sendo isso que mostra Estanislau Fischlowitz no período entre 1918 e 1959[1]; reduzida parte dos lucros a ser distribuída aos trabalhadores; não há qualquer controle objetivo por parte do trabalhador, assim como existem dificuldades por parte deste para a verificação não só dos lucros como dos métodos de sua repartição; os trabalhadores sempre veem a participação nos lucros com desconfiança e hostilidade, pois não sabem os critérios com os quais os lucros foram obtidos, nem têm como verificá-los, acreditando que o empregador sempre

1 FISCHLOWITZ, Estanislau. *Participação nos lucros*. Rio de Janeiro: Agir, 1959, p. 26-29.

estará ocultando os lucros obtidos; o lucro é afetado pelo mercado, independendo do esforço dos empregados; o caráter aleatório, incerto, da participação nos lucros, além da falta de controle dos empregados sobre os lucros, leva à impossibilidade de maior produtividade com a participação nos lucros – ao contrário, há um desestímulo; a produtividade muitas vezes é mais alcançada pelo progresso da tecnologia do que propriamente da atividade braçal, não tendo a participação nos lucros qualquer influência nesse processo; a participação nos lucros poderá estimular a rotatividade de mão-de-obra, no sentido de que os trabalhadores poderão se transferir para empresas que forem mais lucrativas, em detrimento das que forem menos lucrativas; um dos efeitos da participação nos lucros seria a redução dos salários, pois, se a participação não tem natureza salarial, os empregadores pretenderão pagar mais participação e menos salário, em virtude de encargos sociais; em tempos de crises, os rendimentos dos trabalhadores sofrerão brusca redução, pois inexistirá participação nos lucros; os trabalhadores nas empresas automatizadas receberão maiores benefícios, principalmente por ser menor o número de empregados nessas empresas, ao contrário dos trabalhadores em empresas em que prepondera atividade manual e que necessitam de mais trabalhadores, que dividirão um valor menor de participação em lucros.

Os sindicatos não gostam de pagamentos que dependam de oscilações a que se submetem os lucros do empregador. Em alguns casos, os sindicatos temem que a participação nos lucros seja utilizada para determinar que os salários fiquem em valores inferiores ao normal. Estanislau Fischlowitz aponta muito mais desvantagens do que vantagens, dizendo que em nenhum país do mundo foi efetivamente implementada, e, não seria o nosso o primeiro a fazê-lo; daí concluir pela sua inexequibilidade, não somente sob o ângulo econômico, social[2], como técnico, tanto que não foi regulamentada em quase 50 anos, contados da Constituição de 1946.

Para o governo, a participação nos lucros ou resultados representa a diminuição de certos encargos sociais: o FGTS e o INSS, que não incidem sobre o referido pagamento.

---

2 FISCHLOWITZ, Estanislau. *Participação nos lucros*. Rio de Janeiro: Agir, 1959, p. 126.

No Japão, a participação nos lucros foi uma importante forma de diminuir o conflito entre o capital e o trabalho, além de diminuir o número de greves.

As empresas também, muitas vezes, não se interessam pela participação nos lucros em razão da descapitalização, da inibição de investimentos, pois os lucros distribuídos aos empregados não serão capitalizados, nem o investidor terá interesse em investir na empresa, quando uma parte do investimento ou de seu retorno não será a ele entregue, mas aos empregados.

A participação nos lucros gera mais expectativas do que resultados concretos, pois o resultado psicológico e econômico pretendido pode não ser atingido. Frederic Taylor indicava que certos fatores dão origem ao fracasso da participação nos lucros:

a) os maus trabalhadores, sabotadores do trabalho, mas participantes dos lucros, acabam por contaminar os bons obreiros;

b) a recompensa pelo esforço do operário ocorre depois de muito tempo, o que geralmente seria em torno de um ano. Afirmamos que isso poderia prejudicar o próprio empregado, que deixa a empresa no curso do exercício sem direito à participação que ocorra no final do ano;

c) seria difícil repartir igualmente a participação nos lucros;

d) o empregado não poderia participar das perdas do empreendimento.

Em certos casos, há necessidade de que o empregado tenha algum grau de instrução geral para entender e se interessar pela participação nos lucros das empresas, de modo que a reforma social que se pretende implantar pela participação nos lucros encontra o referido obstáculo. O trabalhador, na maioria das vezes, tem preferido a existência de um salário real e a melhoria de suas condições sociais do que uma vantagem duvidosa e aleatória, como o seria a participação nos lucros.

A empresa também terá que verificar o que pretende com a participação nos lucros, pois poderá gerar maior produtividade e qualidade no serviço ou bem produzido, proporcionando satisfação ao cliente, aos sócios ou acionistas, aos fornecedores. Aumentando a produtividade e baixando o preço de seus produtos ou serviços vendidos, gerará concorrência, o que trará uma economia de escala muito grande.

O empregado poderá ser considerado como um verdadeiro parceiro pela empresa nesse processo de participação nos lucros e não adversário do empregador, que só bons resultados trará, se for bem desenvolvido.

16
Critérios de Distribuição

16.1 Critérios

Os critérios de distribuição poderiam ser sintetizados da seguinte forma: igualitários, necessidade individual, proporcionais. O critério igualitário determina que todos receberão exatamente a mesma coisa a título de participação nos lucros, sem distinções. O segundo critério diz respeito ao fato de que a partilha deve levar em conta a necessidade individual de cada trabalhador. O terceiro critério assevera que deve haver proporcionalidade na participação nos lucros, sendo que cada um deverá recebê-la de acordo com sua capacidade.

A participação nos lucros pode ser paga proporcionalmente aos meses trabalhados. A proporcionalidade poderia ser excluída em relação a empregados que estejam afastados junto ao INSS. Se o empregado for dispensado da empresa antes de dezembro ou antes de findo o semestre, a distribuição deverá ser proporcional, pois obstado seu implemento, na forma do art. 129 do Código Civil, salvo se for dispensado por justa causa ou se pedir demissão. Seria o caso de se utilizar por analogia do § 2º do art. 466 da CLT, quando trata de percentagens: "a cessação das relações de trabalho não prejudica a percepção das comissões e percentagens devidas na forma estabelecida por este artigo".

Entretanto, o empregado somente poderá exigir o pagamento da participação nos lucros depois do término do exercício. A Lei n. 10.101/2000 sobre participação nos lucros deveria tratar da hipótese em que o empregado houvesse sido dispensado por justa causa ou pedido demissão, ocasião em que não teria direito à participação nos lucros. Ocorre que, não havendo disposição expressa nesse sentido, a solução dessas situações irá depender do que for acordado, para se verificar se o empregado tem ou não direito à participação nos lucros.

Seria lícito estabelecer uma forma de atribuição por pontos, mediante avaliação da chefia, de acordo com a conduta disciplinar e técnica do empregado. O que não se pode fazer é alterar unilateralmente esses critérios em prejuízo dos empregados. Poder-se-ia estabelecer um critério misto por meio de quotas de participação, com base nos elementos valor do salário, antiguidade, encargos de família, assiduidade e eficiência, como o fez o art. 9º do Projeto n. 1.039, chamado Projeto Paulo Sarasate, e que foi aprovado em 1952 na Câmara dos Deputados, mas não foi votado no Senado, como também poderia haver o critério de se distribuir o lucro de acordo com metas de qualidade, como o número de peças rejeitadas, das produzidas pelo empregado.

Assim, seria possível dizer que tanto a participação nos lucros seria feita *per capita*, como seriam consideradas as várias diferenças individuais mencionadas. Nada impediria à lei também fixar critérios mistos, no sentido de que seriam feitas distinções entre os cargos dos empregados, como de gerentes e chefes e dos demais funcionários, desde que houvesse uma forma de assim fazer, como atingimento de metas e produção em cada um deles, sendo que em relação aos primeiros poderiam existir critérios diferenciados e em relação aos últimos distribuição numérica da participação nos lucros. O mesmo poderia também ser dito em relação à fixação de porcentuais diferenciados em razão do salário de cada empregado, de acordo com a folha de pagamento, no sentido de que quem ganha mais recebe maior participação nos lucros, ou no sentido inverso, para quem ganha menos a participação é maior.

Não se poderia, porém, fixar um critério de divisão igualitário a certos empregados, mediante apenas a divisão numérica, e em relação a outros empregados a divisão proporcional a sua participação na folha de salários, pois aí haveria discriminação, a não ser que se tratasse de empregados com funções diferentes, como empregados braçais e empregados gerentes ou chefes.

Poderia ser fixado um tempo mínimo de vínculo empregatício para que o trabalhador tivesse direito à participação nos lucros, que seria de um ano.

Não seria justo que um empregado afastado da empresa tivesse direito à participação nos lucros quando na maior parte do ano não ajudou a empresa a conseguir esses lucros, como em casos em que o obreiro está em gozo de licença-gestante ou de auxílio-doença, porém deveria recebê-la de maneira proporcional aos meses trabalhados. Da mesma forma, deveria haver um critério para verificar qual seria o empregado que mais se dedicou a obter os lucros para a empresa, em detrimento daquele que simplesmente não se esforçou e vai obter igualmente o mesmo direito à participação nos lucros.

Não se poderá, entretanto, estabelecer uma cláusula de participação nos lucros condicionada ao livre-arbítrio do empregador, em decorrência do disposto no art. 122 do Código Civil, por se tratar de cláusula potestativa. Alguns acórdãos têm entendido como meramente potestativa ou puramente potestativa a cláusula que condiciona que o empregado esteja na empresa à época da assembleia que aprovou o balanço (TST, 1ª T., RR 5.182/83, Rel. Min. Marco Aurélio, *DJU* 146/85).

A participação nos lucros pode ser paga proporcionalmente aos meses trabalhados. Se o empregado for dispensado da empresa antes de dezembro ou antes de findo o semestre, a distribuição deverá ser proporcional, pois obstado seu implemento, na forma do art. 129 do Código Civil, salvo se for dispensado por justa causa ou se pedir demissão. Seria o caso de se utilizar por analogia do § 2º do art. 466 da CLT, quando trata de percentagens: "a cessação das relações de trabalho não prejudica a percepção das comissões e percentagens devidas na forma estabelecida por este artigo". Entretanto, o empregado somente poderá exigir o pagamento da participação nos lucros depois do término do exercício.

Os empregados dispensados antes do último dia de cada ano também contribuíram para a obtenção dos lucros da empresa. Fere o princípio da isonomia instituir vantagem mediante acordo coletivo ou norma regulamentar que condiciona a percepção da parcela de participação nos lucros e resultados ao fato de estar o contrato de trabalho em vigor na data prevista para a distribuição dos lucros. Assim, inclusive na rescisão contratual antecipada, é devido o pagamento da parcela de forma proporcional aos meses trabalhados, pois o ex-empregado concorreu para os resultados positivos da empresa (Súmula 451 do TST).

Uma vez estabelecida a participação nos lucros, até mesmo com o respectivo porcentual, por força do contrato de trabalho ou regulamento de empresa, não pode ser retirada a participação ou diminuído o porcentual, sob pena de ofensa ao art. 468 da CLT, mesmo com a concordância do empregado, pois resulta em prejuízo direto ao último. É claro que, se a participação vem sendo paga todos os anos, presume-se um ajuste tácito; mesmo assim, o empregador não poderia simplesmente suprimi-la ou mudar o porcentual anteriormente empregado, pois tal regra já se teria incorporado ao contrato de trabalho do obreiro. Se o pagamento for habitual, não poderá ser suprimido, pois implicaria prejuízo ao trabalhador (art. 468 da CLT).

O aviso-prévio indenizado integra-se no tempo de serviço do empregado para todos os fins, na forma do § 1º do art. 487 da CLT. A integração é feita para correção de salários (§ 6º do art. 487 da CLT), para a indenização adicional (Súmula 182 do TST), para prescrição (Orientação Jurisprudencial 83 da SDI do TST), para anotação da baixa na CTPS (Orientação Jurisprudencial 82 do TST). Logo, também deve ser feita para efeito do pagamento da participação nos lucros, se o empregado atinge a determinação da norma coletiva ou do empregador para fazer jus a tal verba.

A participação nos lucros ou resultados não se submete ao princípio da igualdade de forma absoluta, pois há empresas que têm lucro e outras não. Pode ser instituída a participação de forma diferenciada para os empregados, até porque não tem natureza salarial. Todas as pessoas que estiverem num mesmo nível devem receber a mesma participação, evitando-se discriminações. Podem ser excluídos da participação diretores, gerentes, supervisores, chefes e outras pessoas, desde que indicadas no instrumento. Não pode ser feita a exclusão de uma pessoa da mesma classe e pagamento a outra pessoa dessa mesma classe.

O TRT da 15ª Região entendeu que é injusto, discriminatório e ilegal estabelecer a participação nos lucros, mediante pagamento de quantia em dinheiro, em uma única vez, aos horistas, que desempenham suas funções no setor de produção da fábrica, além de conceder quantia inferior à dos mensalistas, tendo substituído o pagamento por tíquetes-alimentação, os quais são fornecidos parceladamente, ou seja, em 12 meses (TRT 15ª R. DC 79/95-D, Ac. Seção Especializada 333/95-A, j. 22-3-1995, Rel. Juiz Edison Laércio de Oliveira, in *LTR* 60-01/104). Tíquete-alimentação não tem, porém, natureza de participação nos lucros, havendo desvirtuamento do instituto.

O trabalhador também poderia preferir que a participação nos lucros fosse capitalizada pela empresa, em vez de ser distribuída, critério estabelecido pelo legislador francês, proporcionando, em contrapartida, possibilidade de estímulo ao reinvestimento, visando gerar novos empregos. Na França, o trabalhador pode deixar o produto da participação que teria nos lucros da empresa com o próprio empregador, durante um certo período, de cinco ou seis anos. Teria o trabalhador um incentivo compensatório ou a isenção do imposto de renda por ele devido, pois quando, eventualmente, o lucro fosse distribuído, a alíquota do imposto de renda seria consideravelmente menor do que a normal, ou seja, haveria uma forma de incentivo fiscal se assim se fizesse. Seria uma medida apropriada, visando evitar que as empresas viessem a ficar descapitalizadas e, com isso, desestimulados os investimentos, pois os lucros distribuídos são recursos que deixam de ser investidos na empresa. Poderia a lei estabelecer que o empregado convertesse a participação nos lucros em ações da empresa.

Há de se lembrar que, ao prever-se a participação nos lucros, também se deverá atentar a que, antes da distribuição, também haja remuneração para o capital investido, como maneira, até mesmo, de incentivar a participação nos lucros, pois se a empresa não remunerar seus investidores pelo capital investido, não haverá interesse em distribuir lucros aos empregados.

Mister se faz também a verificação sobre se o lucro será considerado antes ou depois do imposto de renda devido, inclusive se poderá ser utilizado o conceito de lucro existente para efeito do imposto de renda. Da mesma forma, poder-se-ia preconizar que na distribuição dos lucros aos empregados ficassem excluídos ganhos de capital na alienação de ativos, como era previsto no Projeto de lei n. 4.850. Parece que o melhor será considerar que o lucro a ser distribuído será o lucro líquido, depois do imposto de renda devido pela pessoa jurídica, já descontadas todas as despesas operacionais do empreendimento.

O pagamento estará condicionado à existência de lucro. Inexistindo lucro, não há que se falar em pagamento de participação nos lucros, não alcançando, portanto, situações futuras, que irão depender da existência ou não de lucro. Havendo fato gerador, ou seja, a existência de lucro, há o direito à participação, mas não em relação às situações futuras, que não podem ser alegadas como direito adquirido. A participação nos lucros e nos resultados é um direito dependente de condição. Trata-se, portanto, de uma obrigação condicional, que só nasce uma vez implementada a condição.

A participação nos lucros terá por base a existência de lucros. O pagamento feito não é calculado sobre o salário básico fixado no contrato de trabalho para efeito de cálculo de adicional por tempo de serviço. Não há como se falar em incorporação ao salário, ainda que haja habitualidade, se inexistirem lucros. A participação nos lucros não poderá ser suprimida desde que haja habitualidade, condicionada à existência de lucros futuros, pois, no caso, trata-se de ajuste tácito, em razão da habitualidade no pagamento.

Não há integração em horas extras, pois estas são calculadas sobre a hora normal (§ 1º do art. 59 da CLT) e a participação nos lucros pode ocorrer uma ou duas vezes por ano, não havendo como se utilizar a participação para o cálculo das horas extras. Na jurisprudência, verificamos a referida orientação.

> A gratificação de balanço ou participação nos lucros não integra o salário para efeito de cálculo das horas extras, pois, além de concorrerem estas para o próprio resultado do balanço, a averiguação *a posteriori* deste inviabiliza a integração (TRT – 9ª R., 1ª T., RO 1.152/87, Rel. Juiz Pedro Tavares, *BJ* 9/87).

O instituidor também poderá prever teto para a distribuição, inclusive mediante critérios variáveis.

Poderia, ainda, haver um critério de participação nos lucros no sentido de que as grandes empresas teriam porcentual maior a distribuir de lucros a seus empregados; já as pequenas empresas poderiam ter porcentual inferior. A lei ordinária poderia, por exemplo, determinar que a participação nos lucros fosse obrigatória nas sociedades anônimas de capital aberto, pois nestas empresas já há auditoria externa obrigatória (§ 3º do art. 177 da Lei n. 6.404/76), sendo facultativa nas demais empresas.

Não seria inconstitucional o tratamento diferenciado para a microempresa, pois o inciso IX do art. 170 da Constituição dispõe que deve haver um tratamento favorecido para as empresas de pequeno porte constituídas sob as leis brasileiras e que tenham sua sede e administração no país.

Ainda dentro de critérios de distribuição, devem ser excluídos dos lucros a serem distribuídos os valores necessários a investimentos futuros e a fundos de depreciação.

A compra de equipamentos de alta tecnologia possibilita maior produção, porém diminui, num determinado momento, o lucro, em razão da aquisição. Na negociação deve haver previsão sobre tais aquisições, visando permitir investimentos para esse fim.

A participação poderia ser feita tomando por base critérios de produtividade, quantidade física de bens produzidos, qualidade dos produtos ou serviços, ou tendo por base quatro critérios mais comuns, como antiguidade, salário, assiduidade e produtividade. Poderiam as empresas, portanto, adotar critério misto, mediante pontos, utilizando cada um dos itens anteriores. As faltas ao serviço seriam consideradas para efeito do cálculo dos pontos de assiduidade, que poderiam ser fixados em razão de cada dia trabalhado. As faltas justificadas previstas na lei, norma coletiva, ou assim consideradas pelo empregador não seriam levadas em conta; ao contrário, seriam computadas como dia efetivamente trabalhado.

Nos critérios definidos para efeito da participação nos lucros deveria haver um dispositivo que determinasse que as reservas ou provisões para reserva de capital ou de investimento não deveriam ser distribuídas.

Muitas das empresas que já distribuem lucros a seus empregados dão a estes pelo menos mais um salário por ano. Em outras empresas estabelece-se um pagamento fixo, proporcional ao salário de cada empregado. Outras adotam sistemas mistos, abrangendo vários aspectos ao mesmo tempo.

Os trabalhadores não se têm empenhado muito para a obtenção da participação nos lucros. Os empresários podem até não querê-la, principalmente os pequenos empresários, que têm "caixa dois", pois não têm interesse em ter um fiscal permanente na empresa, que iria verificar a existência ou não de lucros, que seria o empregado. Entretanto, a participação nos lucros não deixa de ser forma de entrosamento entre capital e trabalho, como uma forma de flexibilização de direitos trabalhistas. É certo que a participação nos lucros traria vantagens, como diminuição dos conflitos sociais entre o capital e o trabalho, a melhoria do relacionamento entre patrões e empregados, aliviando tensões no ambiente laboral, trazendo desenvolvimento ao país e à empresa, reduzindo desigualdades socioeconômicas.

16.2 Formas de cálculo

Há várias fórmulas de pagamento da participação nos lucros ou resultados, como do valor fixo, do porcentual sobre o salário ou do sistema misto.

Um valor fixo normalmente tende a trazer prejuízos para quem tem salários altos.

O cálculo de um porcentual sobre o salário implica pagar menos para quem tem baixos salários.

A fórmula mista atende a um melhor equilíbrio entre salários altos e baixos, de forma a haver uma distribuição equitativa dos lucros. É possível que a empresa tenha ao mesmo tempo participação nos lucros e nos resultados, como num sistema de pontos.

Há vários planos de divisão de lucros, entre eles: Scanlon, Rucker e Improshare.

O Plano Scanlon foi criado por Joseph Scanlon, nos anos 1930, baseado em pagamento em dinheiro. São utilizadas as seguintes fórmulas: a) proporção entre o valor da folha de pagamento e o faturamento (*Traditional Scanlon Plan*); e b) divisão do valor da folha de pagamento, material e custos administrativos, pelo faturamento (*Modified Scanlon Plan*). Os empregados esforçam-se para que haja maior produção ou vendas com os mesmos volumes de trabalho e salários. Na maioria das vezes, a divisão do resultado é feita metade para a empresa e metade para os trabalhadores, ou então 25% para empresa e 75% para os empregados.

O Plano Rucker foi criado por Allen Rucker no fim da década de 1940. Há uma proporção entre o valor da folha de pagamento e o valor adicionado. Este é o valor da produção menos o valor das matérias-primas e insumos, exceto o trabalho. O bônus proveniente é dividido em partes iguais entre empregados e empresa. Esse sistema reflete melhor a produtividade do trabalho.

Foi concebido o Plano Improshare na década de 1970, por Mitchell Fein. São verificados apenas os custos do trabalho, mas é utilizado o tempo da engenharia e o desempenho passado para o cálculo da produção presente. Há uma proporção entre as horas de trabalho reais para a fabricação de um produto por departamento e um nível de produção preestabelecido.

Há a fórmula utilizada por Maurice Vanlaaer (economista holandês do século XIX):

$$\text{Participação} = \frac{\text{RAI x 25\% lucros/mais taxa espontânea}}{\text{Somatório SAI geral}}$$

- RAI = remuneração anual individual;
- SAI = salário anual individual;
- Taxa espontânea = quando o empregador oferece ao operário uma gratificação extra, como se o empregado executasse trabalho com eficiência e qualidade durante todo o ano.

17
Direito de Informação

O empregado terá, é claro, o direito de informação sobre a participação nos lucros da empresa, inclusive de poder verificar se a empresa está tendo efetivamente lucros. O que é preciso dizer, porém, é que o direito do empregado não é de fiscalizar, como se fosse o Estado, que em seu poder fiscal pode impor tributos, mas também pode fiscalizá-los. Se o contribuinte não deixa o Estado verificar suas contas, o fiscal arbitra, por exemplo, o lucro. O empregado, contudo, não poderá assim fazer. Na verdade, a participação nos lucros é verdadeiro casamento entre empregado e empregador, porém com separação de bens, como menciona Gide, pois o empregado não é dono da empresa. Como, porém, o obreiro poderá verificar a exatidão do balanço da empresa?

O papel da auditoria passa a ser muito importante no que diz respeito à participação nos lucros, ou então de empresas de contabilidade especializadas para este fim, pois o empregado tem o direito de se informar se a empresa em que trabalha tem ou não lucro, para que possa verificar se ela está pagando corretamente a participação nos lucros a que tem direito. Contudo, em caso de impasse, o empregado poderá pedir o exame da contabilidade do empregador, para verificar a existência de lucros, o que será feito em juízo e determinado pelo juiz. Por ter direito à participação nos lucros é que há interesse do empregado em verificar se houve lucros na empresa e em que montante, justamente porque o obreiro está legitimado constitucionalmente a participar dos lucros.

Se não houver determinação legal, convencional ou contratual no sentido de ser permitida ao empregado a verificação da escrita, esta só poderá ser examinada em juízo, pois o obreiro não tem o poder de administrar a empresa ou de controlá-la. Outra questão que poderia ser levantada seria o direito do empregado de contestar o balanço depois de aprovado pela assembleia da sociedade anônima. Se o balanço fosse contrário ao que foi ajustado no contrato de trabalho ou outra norma legal, ou, ainda, se houvesse fraude, haveria esse direito de impugnação pelo empregado. Ressalte-se que, se o empregado é acionista ou quotista da empresa, terá direito de verificar o balanço, inclusive judicialmente, por ser detentor da condição de sócio, ainda que minoritário, de participar das reuniões para aprovação do balanço e também impugná-lo; nessa mesma condição, se já aprovou o balanço na assembleia, não poderá impugná-lo posteriormente, salvo se comprovadamente existir fraude.

O direito de informação deveria envolver o fornecimento por parte da empresa de informações contábeis, planilhas de custos, relatórios relativos à produtividade. Para tanto, as informações deveriam ser claras, concisas, de fácil entendimento e, acima de tudo, deveriam ser verdadeiras, até como forma de gerar confiança entre as partes. Informações incorretas ou falsas poderão gerar desentendimentos entre as partes, principalmente diante do fato de que, na mentalidade do empregado, ele estará sempre sendo enganado em seus direitos, razão pela qual invariavelmente se apresenta desconfiado.

A informação tem vários aspectos a serem analisados: a) a matéria a ser informada; b) em que momento a informação será fornecida; c) quais são as pessoas que obterão a informação; e d) quando a informação será fornecida e como. Muitas vezes, é preferível que a participação nos lucros seja reinvestida na empresa, de modo a assegurar inclusive o emprego do trabalhador no futuro. Assim, essa poderá ser uma das matérias a ser informada. As pessoas que terão direito à informação serão todos os empregados, alguns empregados, a comissão de empregados e até mesmo o sindicato. Seria recomendável, até, que a empresa afixasse o balanço em local público em suas dependências, para que os empregados pudessem dele ter conhecimento. Os arts. 21 e 22 do Projeto n. 1.039 previam que a empresa deveria afixar uma cópia de seu balanço e fornecer uma "nota de participação", como maneira de informar os empregados. Há projetos de regulamentação da participação nos lucros que preveem, inclusive, o direito de o empregado impugnar em 30 dias as contas apresentadas.

O direito de informação pode incluir até mesmo uma espécie de gestão conjunta, mas nesse aspecto a Constituição informa que a participação na gestão é excepcional e até o momento não existe oficialmente no

Brasil. Mesmo assim, o direito de informação cabe aos trabalhadores, de maneira que possam conhecer as decisões do empresário e seus respectivos resultados. O empregado também poderia ter direito de sugerir alguma coisa quanto ao desenvolvimento da empresa e de seus negócios, de opinar nesse sentido, assim como o direito de ser consultado em certas ocasiões. São, portanto, critérios que poderiam ser estabelecidos pela lei ordinária, que disporá sobre a participação nos lucros das empresas. Esse seria um aspecto negativo de sua instituição, pois o empresário não tem interesse em que fiquem os empregados fazendo ingerências em suas decisões dentro da empresa, inclusive estratégicas.

O empregado, tomando contato com esse tipo de informação, também poderia divulgar dados, fórmulas ou outros inventos do empregador a concorrentes, o que significativamente não agrada ao empresário. Os empregados devem guardar segredo das informações obtidas.

Muitos empresários não irão querer que seus empregados ou sindicatos de trabalhadores venham examinar seus balanços ou sua contabilidade, com medo de que descubram até mesmo sonegação fiscal ou coisas que não devem ser reveladas. Entretanto, a divulgação indevida de dados pelo empregado poderá configurar justa causa, de concorrência desleal (art. 482, *c*, da CLT) e de violação de segredo da empresa (art. 482, *g*, da CLT), se for o caso, ou até de mau procedimento. Mesmo as pessoas que divulgarem indevidamente os segredos da empresa poderão responder civilmente por perdas e danos, inclusive o sindicato, se assim fizer.

No que diz respeito ainda à informação, os sindicatos não têm especialistas em analisar balanços para verificar se as informações das empresas especificadas naqueles documentos são corretas. Muitas vezes o exame da contabilidade já é difícil até mesmo para os especialistas, quanto mais para os leigos. É certo que, se fossem promovidas auditorias em empresas pequenas, para auditar se realmente as demonstrações financeiras refletem o resultado do período, ou se está havendo manipulação de dados, o custo seria muito alto. Nas grandes empresas, como bancos ou sociedades anônimas de capital aberto, isso não ocorreria, porque a auditoria externa é obrigatória (§ 3º do art. 177 da Lei n. 6.404/76), em que se constataria efetivamente se as demonstrações do resultado do exercício refletem a realidade dos fatos na empresa.

No direito de informação será preciso observar regras transparentes para aferição dos lucros e, em contrapartida, de quanto o empregado irá receber, inclusive para verificação dos índices de produtividade, qualidade e lucratividade. As partes devem basear-se em dados objetivos para chegar à conclusão de quanto será devido aos trabalhadores a título de participação nos lucros.

Quanto à informação a ser dada ao empregado, é preciso atentar para o fato de que deve existir comunicação, visando motivar e incentivar os trabalhadores da empresa a atingirem as metas estabelecidas por esta, de produtividade ou outras, de modo que efetivamente a empresa consiga o resultado planejado. O trabalhador deverá ser informado de como poderá atingir esses resultados, mostrando qual seu papel e o que dele depende. O trabalhador também terá que ser estimulado a pensar e apresentar sugestões para o melhor desenvolvimento da empresa, que não mais podem ficar a cargo do chefe ou proprietário. Tudo isso, porém, deve ser informado ao empregado, para que possa obter vantagens com a participação nos lucros.

O empregado, entretanto, deverá guardar sigilo sobre as informações obtidas, pois no caso de mudança de emprego não poderá revelar segredos do anterior empregador.

18

Lei n. 10.101/2000

18.1 Introdução

Foram editadas várias Medidas Provisórias n.: 794, de 29-12-1994, que sofreu 13 emendas pelos deputados em sua discussão; 860, de 27-1-1995; 915, de 24-2-1995; 955, de 24-3-1995; 980, de 25-4-1995; 1.006, de 25-5-1995; 1.029, de 22-6-1995, que teve duração de apenas sete dias; 1.051, de 29-6-1995, que revoga a Medida Provisória n. 1.029 (art. 8º); 1.077, de 28-7-1995; 1.104, de 25-8-1995; 1.136, de 26-9-1995; 1.169, de 26-10-1995; 1.204, de 24-11-1995; 1.239, de 14-12-1995; 1.276, de 12-1-1996; 1.315, de 9-2-1996; 1.355, de 12-3-1996; 1.397, de 11-4-1996; 1.439, de 10-5-1996; 1.487, de 7-6-1996; 1.487-20, de 9-7-1996; 1.487-21, de 8-8-1996; 1.487-22, de 5-9-1996; 1.487-23, de 2-10-1996; 1.487-24, de 31-10-1996; 1.487-25, de 29-11-1996; 1.539, de 18-12-1996; 1.539-27, de 16-1-1997; 1.539-28, de 13-2-1997; 1.539-29, de 13-3-1997; 1.539-30, de 11-4-1997; 1.539-31, de 9-5-1997; 1.539-32, de 10-6-1997; 1.539-33, de 10-7-1997; 1.539-34, de 7-8-1997, que passou a tratar do trabalho em domingos no comércio varejista em geral; 1.539-35, de 4-9-1997; 1.539-36, de 2-10-1997; 1.539-37, de 30-10-1997; 1.539-38, de 27-11-1997; 1.619-39, de 12-12-1997; 1.619-40, de 13-1-1998; 1.619-41, de 12-2-1998; 1.619-42, de 13-3-1998; 1.619-43, de 9-4-1998; 1.619-44, de 12-5-1998; 1.619-45, de 10-6-1998; 1.698-46, de 30-6-1998; 1.698-47, de 30-7-1998; 1.698-48, de 28-8-1998; 1.698-49, de 28-9-1998; 1.698-50, de 27-10-1998; 1.698-51, de 27-11-1998; 1.769-52, de 14-12-1998; 1.769-53, de 13-1-1999; 1.769-54, de 11-2-1999; 1.769-55, de 11-3-1999; 1.769-56, de 8-4-1999; 1.769-57, de 6-5-1999; 1.769-58, de 2-6-1999; 1.878-59, de 29-6-1999; 1.878-60, de 28-7-1999; 1.878-61, de 26-8-1999; 1.878-62, de 24-9-1999; 1.878-63, de

22-10-1999; 1.878-64, de 23-11-1999; 1.982-65, de 10-12-1999; 1.982-66, de 11-1-2000; 1.982-67, de 10-2-2000; 1.982-68, de 9-3-2000; 1.982-69, de 6-4-2000; 1.982-70, de 4-5-2000; 1.982-71, de 1-6-00; 1.982-72, de 29-6-2000; 1.982-73, de 28-7-2000; 1.982-74, de 28-8-2000; 1.982-75, de 27-9-2000; 1.982-76, de 26-10-2000; 1.982-77, de 23-11-2000. A última medida provisória foi convertida na Lei n. 10.101, de 19-12-2000.

A primeira medida provisória sobre participação nos lucros ou resultados foi a de n. 794, de 29 de dezembro de 1994. A exposição de motivos dizia:

> (...)
>
> 2. Seu texto resultou de profícuos entendimentos que envolveram o Governo, empregados e empregadores, e, estamos certos, constitui um grande passo no rumo da integração entre o capital e o trabalho e cobre importante lacuna da legislação brasileira, pois só agora, com a concordância de Vossa Excelência, a participação nos lucros ou resultados será objeto de regulamentação, embora esteja escrita em nossas Cartas Magnas, desde a de 1946.
>
> 3. Um princípio norteador da Medida que ora submetemos a Vossa Excelência é o da livre negociação entre empregadores e empregados, que devem, em conjunto, estabelecer os mecanismos de aferição da produtividade, periodicidade da distribuição e demais critérios e condições, em busca da factível e justa parcela do lucro ou resultado a ser distribuído.
>
> 4. Para os trabalhadores, a Medida implica não apenas aumento do poder aquisitivo, mas um merecido ganho, como retribuição ao esforço que produz a riqueza da sociedade. E é importante ressaltar que nenhuma pressão inflacionária resultará da Medida, pois apenas haverá o repasse aos trabalhadores de ganhos de produtividade.
>
> 5. Da perspectiva das empresas, a possibilidade de as quantias pagas aos trabalhadores serem deduzidas como despesa, para fim de apuração do lucro real, além de não constituírem base de cálculo de qualquer encargo trabalhista ou previdenciário, é forte incentivo ao emprego de mão-de-obra e à produção.

Em rápida síntese, podemos afirmar que a medida provisória ora proposta caminha, decisivamente, no sentido da obtenção dos objetivos maiores do Governo de Vossa Excelência: crescimento com justiça social."

Houve várias alterações nas medidas provisórias.

Modificou a Medida Provisória n. 860, de 27-1-1995, a orientação anterior, para incluir: a) "comissão por eles escolhida" (art. 2º); b) o instrumento de acordo passa a ser arquivado na entidade sindical dos trabalhadores (§ 2º do art. 2º); e c) "não se lhe aplicando o princípio da habitualidade" (art. 3º).

Passou a tratar a Medida Provisória n. 955, de 24-3-1995, da participação dos trabalhadores nas empresas estatais (art. 5º).

A Medida Provisória n. 1.276, de 12-1-1996, exclui a pessoa física e a empresa sem fins lucrativos do conceito de empresa (§ 3º do art. 2º).

Prevê a Medida Provisória n. 1.539, de 18-12-1996, que o Poder Executivo poderá alterar a periodicidade semestral (§ 3º do art. 3º).

A Medida Provisória n. 1.539-34, de 7-8-1997, trocou no art. 2º a expressão "toda empresa deverá convencionar..." por "a participação nos lucros ou resultados será objeto de negociação...". Foi incluída no art. 2º a expressão "integrada, ainda, por um representante indicado pelo sindicato da respectiva categoria", além de passar a tratar do trabalho aos domingos no comércio (art. 6º).

Suprimiu a Medida Provisória n. 1.619-45, de 10-6-1998, a palavra "previdenciário", no art. 3º.

Acrescentou a Medida Provisória n. 1.698-46, de 30-6-1998: a) os incisos I e II ao art. 2º, determinando dois procedimentos: 1) comissão escolhida pelas partes, integrada por um representante indicado pelo sindicato da respectiva categoria, dentre os empregados da sede da empresa; 2) convenção ou acordo coletivo; b) o § 3º ao art. 3º, estabelecendo a possibilidade de que os valores pagos espontaneamente pelos empregadores a título de participação nos lucros ou resultados sejam compensados com as obrigações decorrentes de acordos ou convenções coletivas de trabalho, relativamente à participação nos lucros ou resultados.

A Medida Provisória n. 1.698-49, de 28-9-1998, mudou novamente a redação do inciso I do art. 2º para determinar que "o representante deve ser indicado pelo sindicato da respectiva categoria", suprimindo a palavra sede.

18.2 Constitucionalidade

É possível questionar a constitucionalidade das medidas provisórias em foco sob o aspecto formal, principalmente por sua utilização. As medidas provisórias somente poderiam ser expedidas em caso de relevância ou urgência. Não há dúvida de que o assunto é relevante, porém não havia urgência a justificar a edição de medida provisória sobre o tema, até porque o instituto estava para ser regulado há quase 50 anos, o que mostra a ausência de urgência.

18.3 Objetivos

Pode ser que o intuito do governo foi, ao tentar desindexar a economia, estabelecer um sistema flexível de remuneração ao empregado, tendo por objetivo maior integração entre o capital e o trabalho, de modo que, quando exista resultado favorável à empresa, o empregado dele possa participar. Para tanto, teria editado norma que deixa à negociação das partes o procedimento da participação nos lucros, sem se preocupar em estabelecer regra rígida e geral para todas as empresas e sem a obrigatoriedade de sua concessão, pois inexistiria sanção adequada e que seria respeitada.

Os objetivos da participação nos lucros serão a integração do capital e do trabalho, como incentivo à produtividade. Pelo art. 1º da Lei n. 10.101/2000 a participação nos lucros ou resultados é decorrente da produtividade do trabalhador. Poderá, contudo, não atingir o objetivo de harmonização entre capital e trabalho, se efetivamente não houver transparência nessa participação. Da mesma forma, o incentivo à produtividade poderá não ser obtido, pois certos trabalhadores se sentirão motivados a produzir, e outros, não, sendo que a participação nos lucros, à primeira vista, será a mesma para ambos.

A participação nos lucros é um instituto típico do capitalismo. Entretanto, não vai resolver a questão entre o capital e o trabalho. Os empregados não têm acesso às decisões empresariais que darão ensejo à existência ou não nos lucros.

O certo é que a lei, em vez de obrigar que o empregador concedesse a participação nos lucros, deveria, na verdade, dar meios para que fosse implantada, favorecendo sua concessão, até mesmo de maneira indireta. Talvez, uma forma de se conseguir efetivamente a implantação da participação nos lucros, fosse a concessão de incentivos fiscais à empresa, para sua plena efetivação. Este último aspecto não foi tratado pela lei, além do que, sofreria as críticas, nem sempre verdadeiras, de que deveriam ser diminuídos os incentivos fiscais ou isenções concedidos às empresas, com o objetivo de aumentar a arrecadação do imposto de renda.

18.4 Obrigatoriedade

A Medida Provisória n. 794 previa que "toda empresa *deverá* convencionar...". Isso implicava que a participação nos lucros ou resultados era obrigatória, pois se usava verbo no imperativo. A Medida Provisória n. 1.539-33, de 10-7-1997, substituiu a expressão "toda empresa deverá convencionar..." por "a participação nos lucros ou resultados *será* objeto de negociação...". O verbo ser também está no imperativo, indicando obrigatoriedade na participação.

Da forma como está redigida a medida provisória, não há obrigatoriedade em sua determinação, inclusive no dia 31-12-1994, época em que estava em vigor a Medida Provisória n. 794, apenas se houver negociação entre as partes. A Lei n. 10.101/2000 afirma que a participação será objeto de negociação, porém não há nenhuma sanção ou penalidade por seu descumprimento, ao contrário do que se verifica ao final de cada capítulo da CLT, em que estão as penalidades pela não observância de seus dispositivos, impedindo, na prática, sua adoção. A inexistência de sanção indica que o objetivo da norma é que a participação seja negociada. Na Constituição de 1946, a participação era obrigatória; na atual, não é. Então, irá concedê-la quem quiser.

De certa forma, salutar a assertiva no sentido de que não haverá imposição na participação nos lucros aos empregadores, pois é sabido que aquilo que é imposto não é de agrado da grande maioria. Assim, a possibilidade de a participação nos lucros ser negociada já é um grande avanço, pois a lei poderia trazer critérios genéricos que não iriam resolver o problema, que pode ser mais bem discutido na negociação coletiva, com verificação das peculiaridades de cada empresa.

Já decidi no mesmo sentido:

> Participação nos lucros. Obrigatoriedade. As empresas não têm obrigação de cumprir o art. 2º da medida provisória sobre participa-

> ção nos lucros, pois há necessidade de negociação coletiva ou estabelecimento por comissão escolhida pelas partes para a sua criação. A norma legal não contém penalidade ou sanção pelo seu descumprimento. Logo, não existe obrigação legal de conceder participação nos lucros, se as partes não chegaram a um consenso, mormente por meio de dissídio individual, se não houve negociação coletiva a fixando (TRT 2ª R., 3ª T., RO 19990523617, j. 7-11-2000, Rel. juiz Sergio Pinto Martins, *DO* SP 28-11-2000, p. 21).

A Lei n. 10.101/2000 não indica prazo para implementar a participação nos lucros ou resultados. Não há, portanto, obrigatoriedade.

18.5 Informação

O § 1º do art. 2º da Lei n. 10.101/2000 menciona que:

> dos instrumentos decorrentes da negociação deverão constar regras claras e objetivas quanto à fixação dos direitos substantivos da participação e das regras adjetivas, inclusive mecanismos de aferição das informações pertinentes ao cumprimento do acordado, periodicidade da distribuição, período de vigência e prazos para revisão do acordo.

Dessa forma, qualquer meio de aferição das informações será considerado válido. Aqui verifica-se mais uma vez a tendência da lei no sentido de não impor qualquer obrigação, para que as próprias partes decidam como será esse meio de informação. Entretanto, é do instrumento de participação que deverão constar as regras e os mecanismos para a aferição das informações pertinentes. Assim, é o próprio acordo de vontades entre as partes que irá determinar as informações e os mecanismos para efeito da distribuição dos lucros.

A lei determina que no instrumento seja estabelecido mecanismo de aferição de informações pertinentes ao cumprimento do acordado (§ 1º do art. 2º).

Os empregados deverão ter direito a obter informações da empresa, seja tanto quanto aos lucros como quanto aos resultados. É o que ocorreria em relação a dados de balanços, balancetes, faturamento da empresa, como ficar acordado. Em relação aos resultados, devem existir informações para apurá-los, como de aferição de desempenhos, de produtividade etc.

A empresa deve informar periodicamente o atingimento das metas (§ 1º do art. 2º da Lei n. 10.101/2000). Isso objetiva que os empregados tenham informações para poder negociar a participação. Deve a empresa prestar aos representantes dos trabalhadores na comissão paritária informações que colaborem para a negociação.

Algumas normas coletivas têm incluído um técnico do Dieese para examinar balanços. Outras incluem um representante de empregados, membro do Conselho Fiscal, para que melhor possam ser entendidos os balanços das empresas.

Seria possível também que um auditor indicado pelas partes tivesse acesso aos dados, para poder verificar se estão corretos.

Na fixação dos direitos substantivos e das regras adjetivas, inclusive no que se refere à fixação dos valores e à utilização exclusiva de metas individuais, a autonomia da vontade das partes contratantes será respeitada e prevalecerá em relação ao interesse de terceiros (§ 6º do art. 2º da Lei n. 10.101). É próximo da ideia de que o negociado prevalece sobre o legislado (art. 611, XV, da CLT). Terceiro pode ser aqui a Receita Federal, que queria tributar a participação nos lucros pelo imposto de renda.

A lei traz expressões não muito corretas tecnicamente, pois faz referência a direitos substantivos e adjetivos. Por direitos substantivos entendem-se os que o trabalhador receberá a título de participação. São direitos materiais por regras adjetivas poder-se-ia entender regras processuais para a cobrança da participação nos lucros, mas o mais correto seria a forma de aferição dos lucros e resultados, que poderá incluir índices de produtividade, qualidade e lucratividade da empresa, programas de metas, resultados e prazos. Entretanto, não se pode falar em regras adjetivas até mesmo como sinônimo de regras processuais, que iriam solucionar os conflitos, que evidentemente o acordo poderia conter, pois adjetivo é aquilo que qualifica ou modifica o substantivo.

18.6 Empresa

A lei usa 15 vezes a palavra "empresa", inclusive na própria ementa. O art. 1º menciona "a participação dos trabalhadores nos lucros ou resultados da *empresa*". O art. 2º especifica que a "participação nos lucros ou resultados será objeto de negociação entre *empresa* e seus empregados...", e assim por diante.

A participação nos lucros é por empresa e não em relação à categoria.

Tanto será empresa a urbana como a rural, o banco, a empresa prestadora de serviços etc. Será também empresa a pessoa física ou jurídica que explore, sob forma organizada, atividade econômica, que tanto ocorre com a firma individual comercial como com o indivíduo que explore atividade rural. Nota-se porém, que a participação nos lucros será feita por empresa e não em relação à categoria, que inclusive é o que indica a Constituição.

Não importa que a empresa não seja sociedade comercial para efeito da participação nos lucros ou resultados.

Empresa, para efeito da participação nos lucros, será a pessoa que tiver empregados, o que inclui inclusive os condomínios ou outras entidades que tenham empregados. O ideal é que a lei fizesse referência a empregador para efeito de participação nos lucros ou resultados em relação a seus empregados. Entretanto, quem tem lucro é a empresa e não o empregador. Este tem empregados.

Estabelece, assim, a lei que toda empresa estará obrigada a convencionar com seus empregados a participação nos lucros. No entanto, mesmo estando obrigadas, muitas empresas não têm feito a negociação, como já ocorria em relação à determinação contida no art. 621 da CLT. Não há nenhuma punição para a empresa que não participar da negociação e instituir a participação nos lucros, de modo que esse dispositivo é praticamente inócuo e não vai inibir as empresas de continuarem a negociar.

A lei faz referência a empresa, porém também não resolve o problema relativo aos empregados de instituições de beneficência, dos Estados e Municípios e das fundações e autarquias destes ou dos profissionais liberais que tenham funcionários admitidos pela CLT, pois tais pessoas não são consideradas empresas.

Inexiste também critério para estabelecer-se a participação nos lucros nos grupos de empresas. O § 2º do art. 2º da CLT menciona que empregador é o grupo de empresas que tem personalidade jurídica própria e está sob direção, controle ou administração de outra, constituindo grupo industrial, comercial ou de qualquer outra atividade econômica, e em que há solidariedade, para os efeitos da relação de emprego entre a empresa principal e as subordinadas. O art. 265 da Lei n. 6.404/76 estabelece o grupo de sociedades, que ocorre entre a sociedade controladora e suas controladas, mediante convenção pela qual se obriguem a combinar recursos ou esforços para a realização dos respectivos objetivos, ou a participar de atividades ou empreendimentos comuns, porém com personalidade e patrimônios distintos (art. 266). São coligadas as sociedades quando uma participa, com 10% ou mais, do capital da outra, sem controlá-la (§ 1º do art. 243 da Lei n. 6.404/76). Considera-se controlada a sociedade na qual a controladora, diretamente ou por meio de outras controladas, é titular de direitos de sócio que lhe assegurem, de modo permanente, preponderância nas deliberações sociais e o poder de eleger a maioria dos administradores (§ 2º do art. 243 da Lei n. 6.404/76).

É mister, portanto, estabelecer regras para a participação nos lucros dos empregados em grupos de empresas, que deveria ser feita em relação a cada empresa do grupo para com seus respectivos empregados, pois é sabido que as referidas empresas alocam recursos entre si de forma a obter economia de imposto, de modo que podem resultar valores menores a título de lucro a ser distribuído aos empregados. O planejamento tributário nas referidas empresas é, portanto, lícito; porém, há necessidade de se estabelecer critérios de participação nos lucros que não venham a prejudicar os empregados das referidas empresas.

A partir da Medida Provisória n. 1.276, de 12-1-1996, passou-se a especificar que não se equipara a empresa à pessoa física e à entidade sem fins lucrativos (§ 3º do art. 2º da Lei n. 10.101/2000). Isso realmente é óbvio, porque aquelas pessoas não são empresas, e a segunda não visa ao lucro. Entretanto, tanto uma como outra têm resultados, devendo a norma legal ter descrito como será a participação nos lucros e nos resultados em relação a tais pessoas. Seus empregados, por enquanto, não poderão reivindicar a participação nos resultados.

Por não ser considerada empresa, a entidade sem fins lucrativos deve atender cumulativamente a certos requisitos enumerados no § 3º do art. 2º da Lei n. 10.101/2000: a) não distribua resultados, a qualquer título, ainda que indiretamente, a dirigentes, administradores ou empresas vinculadas; b) aplique integralmente os seus recursos em sua atividade institucional no país; c) destine o seu patrimônio a entidade congênere ou ao poder público, em caso de encerramento de atividades; d) mantenha escrituração contábil capaz de comprovar a observância dos demais requisitos acima indicados, e das normas fiscais, comerciais e de direito econômico que lhe sejam aplicáveis.

Os requisitos são, portanto, cumulativos e não alternativos para a configuração da entidade sem fins lucrativos. Na verdade, a medida provisória repete aproximadamente a orientação do art. 14 do CTN, no que diz respeito aos requisitos para que a entidade goze de imunidade. Entretanto, a Lei n. 10.101/2000 não define o que vem a ser entidade sem fins lucrativos, apenas indica quais são os requisitos que ela deve conter, cumulativamente. Pessoas que realmente não se enquadrem na referida situação serão consideradas entidades com fins lucrativos e estarão passíveis da distribuição dos lucros.

O critério de excluir entidades beneficentes e autônomos é inconstitucional? Sim.

Não é apenas nas empresas que têm lucro real que pode ser estabelecida a participação nos lucros, pois a Lei n. 10.101/2000 não traz determinação nesse sentido.

Reza o *caput* do art. 5º da Constituição que "todos são iguais perante a lei, sem distinção de qualquer natureza...". É o princípio da isonomia, ou da igualdade, perante a lei. É dirigido ao legislador. Este fica vinculado à criação de um direito igual para todos os cidadãos.

Isonomia vem do grego *isos*: igual + *nomos*: lei. Compreende a lei igual para todos. São as pessoas governadas pela mesma lei.

Rui Barbosa afirma na célebre *Oração aos moços* que:

> a regra da igualdade consiste senão em aquinhoar desigualmente os desiguais, na medida em que sejam desiguais. Nessa desigualdade social, proporcionada à desigualdade natural, é que se acha a verdadeira lei da igualdade. Tratar como desiguais a iguais, ou a desiguais com igualdade, seria desigualdade flagrante, e não igualdade real[1].

Leciona Celso Antônio Bandeira de Mello que:

> é agredida a igualdade quando fator diferencial adotado para qualificar os atingidos pelas regras não guarda relação de pertinência lógica com a inclusão ou exclusão do benefício deferido ou com a inserção ou arredamento do gravame imposto[2].

---

1 BARBOSA, Rui. *Oração aos moços*. Rio de Janeiro: Casa de Rui Barbosa, 1956, p. 32.

2 MELLO, Celso Antonio Bandeira de. *Conteúdo jurídico do princípio da igualdade*. 6. ed. São Paulo: Malheiros, 1999, p. 38.

O inciso XI do art. 7º da Constituição não faz referência a participação nos lucros ou resultados da empresa, mas a "participação nos lucros, ou resultados". Usa participação gestão das empresas. Não trata de participação nos lucros ou resultados das empresas. Logo, pode haver participação nos resultados em diferentes empregadores, não podendo haver violação ao princípio da igualdade. Não importa o tipo de empregador, se tem ou não lucro, mas pode ter resultados.

O inciso XI do art. 7º da Constituição estabelece o direito a todos os trabalhadores quanto à participação nos lucros ou resultados. Não faz distinção entre os tipos de empregadores. As entidades sem fins lucrativos não têm lucros, mas podem ter resultados e distribuí-los. O inciso XI não faz distinção sobre participação nos resultados. Viola a isonomia não estabelecer participação nos resultados para instituições sem fins lucrativos ou profissionais liberais.

A Lei n. 10.101/2000 não poderia restringir e dizer que é só a participação na empresa ou considerar o empregador a empresa que visa ao lucro para efeito de participação nos lucros ou resultados, pois esse não foi o intuito do constituinte. Empregador é quem tem empregados que lhe presta serviços, pouco importa se tem ou não lucro na sua atividade.

Estabelece a Lei n. 10.101/2000 tratamento desigual entre empregadores e entre empregados. O empregador que não tem lucro não pode distribuí-lo, mas pode distribuir resultados.

Deve haver igualdade entre empregados, não importa que tipo de empregado pelo fato de trabalhar em empregador que não tem por objetivo o lucro.

Não pode haver diferença entre empregados somente porque o empregador não visa ao lucro, pois ele pode ter resultados, que devem ser distribuídos aos seus empregados.

É inconstitucional o critério da Lei n. 10.101/2000 excluir da participação nos resultados pessoas físicas, instituições beneficentes, associações ou outras entidades sem fins lucrativos, pois a Constituição não estabeleceu tal diferença.

A não equiparação de que trata o inciso II do § 3º do art. 2º da Lei n. 10.101/2000 não é aplicável às hipóteses em que tenham sido utilizados índices de produtividade ou qualidade ou programas de metas, resultados e prazos (§ 3º-A do art. 2º da Lei n. 10.101/20000). Esta foi a forma de o legislador mostrar que o artigo não é inconstitucional a partir da alteração feita pela Lei n. 14.020/2020. Se existe índice de produtividade, qualidade ou programa de metas, resultados e prazos, não se se pode dizer que não há participação nos resultados. Entretanto, essa regra só não se aplica a entidade sem fins lucrativos (inciso II). Em relação à pessoa física que tenha empregados, a regra continua sendo inconstitucional, pois não trouxe exceção.

18.7 Beneficiários

A participação nos lucros será, portanto, feita em relação a empregados, e não a outras pessoas que não tenham essa condição. Pessoas que realmente não sejam empregados, mas antigos empregados que forem eleitos diretores, não estarão incluídas no conceito de empregado. A própria Súmula 269 do TST mostra que o empregado eleito para o cargo de direção tem seu contrato de trabalho suspenso e deixa de ser empregado, salvo se permanecer a subordinação jurídica inerente à relação de emprego. Assim, diretores que não mais sejam empregados, pois ausente o requisito subordinação, não estarão incluídos na lei, e a empresa não estará obrigada a pagar-lhes a participação nos lucros prevista no inciso XI do art. 7º da Constituição. Terão direito à participação, mas a prevista nos estatutos da empresa e decorrente do inciso VI do art. 187 e art. 190 da Lei n. 6.404/76.

18.8 Negociação

18.8.1 Introdução

Há necessidade de ser feita menção ao conceito de negociação, negociação coletiva, para examinar se o sindicato precisa participar da negociação dos trabalhadores com a empresa para efeito de convencionar a participação nos lucros.

18.8.2 Negociação

18.8.2.1 Conceito de negociação

Negociar é ajustar interesses, acertar diferentes posições, encontrar uma solução capaz de compor vontades.

Negociação coletiva é o processo que tem por objetivo superar o conflito coletivo.

A Convenção n. 154 da OIT tem por finalidade o fomento da negociação coletiva. Conceitua a negociação coletiva como um procedimento tendente a fixar as condições de trabalho e emprego, regular as relações entre empregados e empregadores. Não se confunde a negociação coletiva com o acordo coletivo e a convenção coletiva, pois justamente é a fase preliminar desses negócios jurídicos; é o procedimento de discussão que leva ao resultado final, que é o acordo ou a convenção coletiva. Resulta da negociação coletiva, o acordo ou a convenção coletiva de trabalho. A negociação coletiva importa, preliminarmente, em que as partes apresentem suas reivindicações. Já era a negociação coletiva prevista no art. 616 da CLT, em que as partes não poderiam se negar a negociar.

18.8.2.2 Medida Provisória n. 794

Previa o art. 2º da Medida Provisória n. 794, de 29 de dezembro de 1994, que toda empresa deveria convencionar com seus empregados, mediante negociação coletiva, a forma de participação dos trabalhadores em lucros ou resultados, ou seja, com a participação dos sindicatos, por meio de negociação coletiva. Nesse caso, a participação do sindicato dos trabalhadores seria obrigatória, pois decorrente da previsão do inciso VI do art. 8º da Constituição, que determina a participação obrigatória dos sindicatos nas negociações coletivas, pois todos os processos que digam respeito às condições de trabalho mediante negociação coletiva dependem da participação do sindicato dos trabalhadores. Como haveria apenas a participação do sindicato dos empregados e da empresa ou das empresas interessadas, o instrumento correto seria o acordo coletivo (§ 1º do art. 611 da CLT), que corresponde ao acordo intraempresarial.

Na Medida Provisória n. 794/94 foi atribuída à convenção ou ao acordo coletivo a maneira de se negociar a participação nos lucros. Todavia, esse critério atribuído pelo legislador executivo já existia no artigo 621 da CLT e nunca foi cumprido, pois foram poucas as empresas que tiveram a ideia de negociar com o sindicato a participação nos lucros. É certo que esse critério é o melhor, pois na negociação coletiva a empresa dá alguma coisa, mas também pede outra para cumprir sua parte, ou seja, a solução é negociada, sendo que as próprias partes resolvem espontaneamente suas divergências, sem qualquer ingerência do Estado para impor solução do conflito. Nesse critério também são verificadas as peculiaridades de cada empresa, pois a lei conteria critérios gerais, que seriam aplicados tanto à pequena empresa quanto à multinacional.

O certo é que a melhor forma da negociação seria por meio de acordo individual ou acordo coletivo, em que há a participação dos sindicatos e da empresa ou das empresas interessadas (§ 1º do art. 611 da CLT). Não entendo correto o critério de estabelecer a participação nos lucros por meio de convenção coletiva, pois vai ser genérica, aplicável a toda categoria, não atendendo às peculiaridades de cada empresa, razão pela qual penso que, se a negociação for coletiva, deve ser feita por intermédio de acordo coletivo, justamente para atender às diferenças existentes em cada empresa.

18.8.2.3 Medida Provisória n. 860

As justificativas das modificações na Medida Provisória n. 860, de 27 de janeiro de 1995, foram as seguintes:

> com o propósito de incorporar avanços ao texto original da Medida Provisória, proponho alterações nos arts. 2º e 3º sob a inspiração do teor do substitutivo ao Projeto de Lei n. 4.580. De fato, pretende-se, ao realizar tais modificações, explicitar a forma de negociação do acordo, bem como afastar a possibilidade de incorporação da vantagem à remuneração do empregado.

A Medida Provisória n. 860 mudou a orientação anterior, dizendo que a empresa deveria convencionar com seus empregados, por meio de comissão por eles escolhida (art. 2º), a participação nos lucros. Assim, os empregados deverão se entender com os empregadores, por intermédio de uma comissão. Não mais se fala em negociação coletiva.

Há três teorias que procuram justificar o tipo de negociação contido no art. 2º da medida provisória: a) sindical; b) representação dos trabalhadores na empresa; c) individual plúrima.

A primeira teoria é chamada de teoria sindical, entendendo que a negociação deve ter a participação do sindicato, por ser coletiva. É a tese defendida por Valdir Florindo[3].

---

3 A participação nos lucros e a presença obrigatória dos sindicatos nas negociações. *Revista do Direito Trabalhista*. Brasília: Consulex, n. 4, p. 52-53, abr. 1995.

A segunda afirma que a negociação é feita com a representação dos trabalhadores na empresa e, em seguida, é feito o registro no sindicato.

A terceira corrente mostra que a negociação não tem por objetivo fixar condições de trabalho, não sendo negociação coletiva, e sim uma contratação individual plúrima. É desnecessária a presença do sindicato, tanto que há uma comissão escolhida pelos empregados. Não é exigida a presença do sindicato. Defendem essa tese, entre outros, Arion Sayão Romita[4].

Foi proposta ação direta de inconstitucionalidade pelas Confederações dos Químicos, Metalúrgicos e da Agricultura em relação ao art. 2º da Medida Provisória n. 1.239. O STF deferiu, em parte, o pedido de medida liminar para suspender, até decisão final da ação, no art. 2º da Medida Provisória n. 1.239, de 14-12-1995, atualmente Medida Provisória n. 1.239 de 14-12-1995, a expressão "por meio de comissão por eles escolhida" (ADIn 1.361-1, j. 19-12-1995, Min. Ilmar Galvão, *DJU* 1 7-2-1996, p. 1.711). O entendimento é de que haveria necessidade da participação do sindicato nas negociações para estabelecimento da participação nos lucros ou resultados. O relator afirmou:

> Ação direta de inconstitucionalidade. Art. 2º, *caput*, da Medida Provisória n. 1.136, de 26-9-95, repetido na Medida Provisória n. 1.239, de 14-12-95, que regula a representação dos empregados em convenção celebrada para regular a forma de sua participação nos lucros da empresa. Alegada afronta ao art. 8º, inciso VI, da Constituição Federal. Plausabilidade da alegação, relativamente às expressões "por meio de comissão por eles escolhida", contida no texto da referida norma, requisito a que se alia, por motivos óbvios, a conveniência da pronta suspensão de sua vigência. Cautelar parcialmente deferida (ADI-MC 1361/DF, Medida cautelar na ação direta de inconstitucionalidade intentada por CONTAG, rel. Min. Ilmar Galvão, j. 12-12-1995, *DJ* 12-4-1996, p. 11.072).

---

4 Participação nos lucros ou nos resultados. Instrumentos previstos para a negociação. Mecanismos de composição dos litígios. In: ROCHA, Valdir de Oliveira (Coord.). *Participação dos empregados nos lucros.* São Paulo: Dialética, 1995, p. 24-25; JOÃO, Paulo Sérgio. *Participação nos lucros ou resultados das empresas.* São Paulo: Dialética, 1998, p. 42; CUNHA, Sólon de Almeida. *Da participação dos trabalhadores nos lucros ou resultados da empresa.* São Paulo: Saraiva, 1997, p. 103.

> Ação direta de inconstitucionalidade. Medida cautelar. Impugnação da parte final do inciso I do art. 2º da Medida Provisória n. 1.698-46, de 30-6-98, que prevê, como alternativa à convenção ou ao acordo coletivo, que se estabeleça, para o fim de compor a fórmula de participação dos empregados nos resultados das empresas, uma comissão "escolhida pelas partes, integrada, também, por um representante indicado pelo sindicato da respectiva categoria, dentre os empregados da sede da empresa". A expressão impugnada, ao restringir aos filiados que servem na empresa, a escolha, a ser feita pelo sindicato, daquele que deverá compor a comissão destinada a, alternativamente, negociar a participação dos empregados nos lucros e resultados da empregadora, é de ter-se por ofensiva ao art. 8º, III, da Constituição, que consagra o princípio da defesa, pelo sindicato, "dos direitos e interesses coletivos ou individuais da categoria", em razão do qual goza a entidade da prerrogativa de representar os interesses gerais da respectiva categoria e os interesses individuais dos associados relativos à atividade ou profissão exercida: limitação da independência do sindicato na sua participação, que a Constituição impôs, nessa modalidade de negociação coletiva (CF, art. 8º, VI). Introdução de um mecanismo típico de sindicalismo de empresa, que o nosso sistema constitucional não admite. II – Deferida a suspensão cautelar da expressão "dentre os empregados da sede da empresa" (ADI-MC 1.861/DF, Medida cautelar na ação direta de inconstitucionalidade proposta pela Confederação Nacional dos Trabalhadores no Comércio, Rel. Min. Ilmar Galvão, decisão unânime, j. 16-9-1988, *DJ* 6-9-2007, p. 35).

O relator, em 16-4-1996, deferiu a suspensão do art. 2º da Medida Provisória n. 1.397, de 11-4-1996, por ser reedição de idêntica disposição do art. 2º das Medidas Provisórias n. 1.136/95 e 1.239/95.

18.8.2.4 Medida Provisória n. 1.539-34

A Medida Provisória n. 1.539-34, de 7-8-96, estabeleceu no art. 2º que:

> a participação nos lucros ou resultados será objeto de negociação entre a empresa e seus empregados, mediante comissão por estes escolhida, integrada, ainda, por um representante indicado pelo sindicato da respectiva categoria.

As mudanças em relação à medida provisória foram:

a) no art. 2º, foi trocada a expressão "toda empresa deverá convencionar..." por "a participação nos lucros ou resultados será objeto de negociação...";

b) foi incluída no art. 2º a frase "integrada, ainda, por um representante indicado pelo sindicato da respectiva categoria".

A norma também não estabeleceu qual seria a espécie de negociação a ser entabulada entre empregado e empregador.

18.8.2.5 Medida Provisória n. 1.698-46

Alterou novamente a Medida Provisória n. 1.698-46, de 1-7-1998, o art. 2º, estabelecendo que:

> a participação nos lucros ou resultados será objeto de negociação entre a empresa e seus empregados, mediante um dos procedimentos a seguir descritos, escolhidos pelas partes de comum acordo: (1) comissão escolhida pelas partes, integrada também por um representante indicado pelo sindicato da respectiva categoria, dentre os empregados da sede da empresa; (2) convenção ou acordo coletivo.

Criticava-se a expressão "empregados da sede da empresa". Poderia não haver empregados sindicalizados na sede da empresa ou da mesma categoria da atividade preponderante da empresa. A empresa poderia ter várias filiais e teria de haver na comissão alguém da sede da empresa.

O STF suspendeu a expressão "dentre os empregados da sede da empresa" em relação à Medida Provisória 1.668-46, por entender que não existe no nosso sistema o sindicalismo de empresa (STF, MC ADIn 1.861-0, TP Rel. p/ o Ac. Min. Sepúlveda Pertence. *DJ* 16-9-1998).

18.8.2.6 Medida Provisória n. 1.698-48 e seguintes

Pela Medida Provisória n. 1.698-48, de 28-8-1998, foi suprimida a palavra "sede", repetindo-se a redação anterior quanto aos demais aspectos do art. 2º.

As demais medidas provisórias reiteraram a redação da Medida Provisória n. 1.698-48.

Apesar de a Lei n. 10.101/2000 utilizar o verbo "ser" no imperativo, indicando que a negociação é obrigatória, na prática, ela muitas vezes não tem ocorrido. Não se pode, por lei, obrigar alguém a celebrar acordo.

Usa a Lei n. 10.101/2000 a expressão "integrada, ainda, por um representante indicado pelo sindicato da respectiva categoria". O verbo "integrar" tem o sentido de inteirar, completar. O representante do sindicato irá fazer parte, portanto, da comissão para definir a participação nos lucros. Estando entre os empregados escolhidos um dirigente sindical, o comando legal já será observado.

Determina a medida provisória que deve haver a participação de apenas um representante do sindicato e não mais de um. Não pode, portanto, o sindicato exigir a participação de mais de um membro sindical na comissão, a não ser que as partes assim estabelecerem.

Sindicato da respectiva categoria quer dizer sindicato dos trabalhadores. Se há categoria diferenciada na empresa, deverá ser o sindicato dos trabalhadores pertencentes à categoria diferenciada que irá participar da negociação, por meio de um de seus dirigentes.

A ideia da comissão não é nova, pois já estava prevista na lei de greve (Lei n. 7.783/89); porém, somente seria constituída comissão de negociação na falta de entidade sindical (§ 2º do art. 4º). O art. 617 da CLT também prevê que os sindicatos devem tomar frente na negociação coletiva. Caso não o façam, nem a federação ou confederação respectiva, poderão os interessados prosseguir diretamente na negociação até o final (§ 1º), o que é feito por intermédio de uma espécie de comissão. O art. 11 da Constituição também menciona a eleição de um representante dos empregadores com a finalidade exclusiva de promover o interesse dos empregados diretamente com os empregadores. O art. 621 da CLT já dispunha, porém, que a participação nos lucros poderia ser estabelecida mediante convenção ou acordo coletivo.

Não haveria necessidade de que o legislador ordinário determinasse na lei da mesma forma. Isso quer dizer que o legislador teve por intuito que a participação nos lucros não fosse estabelecida mediante convenção coletiva ou acordo, sendo realizada por meio de comissão de pessoas, caso contrário seria inútil a determinação da lei, mostrando que o sindicato fica afastado da negociação.

A comissão será escolhida pelas partes. Não existem critérios para dizer como as comissões devem ser formadas, o que poderá ser feito por meio de eleição, assembleia etc. Pode ser escolhida qualquer pessoa para participar da comissão. Não se estabelece quantas pessoas deverão compor a comissão. Os membros da comissão, porém, não teriam garantia de emprego para discutir com os empregadores, podendo ser dispensados seus componentes *ad nutum*.

Não usa o art. 2º da Lei n. 10.101/2000 a expressão "negociação coletiva" ou "acordo coletivo". Não foi expressa no sentido de que o ajuste será feito com a comissão, mas que esta participará da negociação. Não se estabelece também que a convenção será feita com o sindicato. Logo, trata-se de negociação individual, de convenção do empregado com a empresa, sendo que os primeiros irão escolher comissão para entendimentos, que necessariamente deverá ter pelo menos duas pessoas, pois inexiste comissão de uma única pessoa. Agora, a forma final do ajuste não poderá ser denominada de acordo coletivo, pois este necessita da participação do sindicato, mas de acordo individual.

O início, portanto, das discussões não corresponde a negociação coletiva, mas a negociação individual, pois não tem a participação do sindicato. Os empregados também poderão querer que o sindicato participe das negociações, o que poderá ser requerido até mesmo por meio de assembleia convocada para esse fim. Contudo, a comissão de trabalhadores poderá ser manipulada pela empresa, já que os obreiros nem mesmo gozam de garantias de emprego, o que não seria feito se a discussão fosse realizada com o sindicato. Isso mostra que, na prática, a participação nos lucros não vai ser realizada, pois simplesmente o empregador, em muitos casos, não terá interesse em conversar com a referida comissão. Nas empresas em que houver intensa participação sindical, como em empresas metalúrgicas, bancárias etc., será, porém, muito difícil excluir o sindicato das negociações.

O fato de o acordo ser arquivado no sindicato mostra que é individual, pois, do contrário, deveria ser arquivado na DRT (art. 614 da CLT).

Há argumentos de que é inconstitucional a Lei n. 10.101/2000 pelo fato de que o sindicato dos empregados não participa das negociações, porque o inciso VI do art. 8º da Constituição estabelece que, nas negociações coletivas, deve haver a participação da agremiação. Ocorre que é possível fazer uma outra leitura do dispositivo da lei, no sentido de que nas negociações individuais é desnecessária a participação do sindicato, ou de que só é obrigatória a participação do sindicato nas negociações coletivas e não nas individuais. A própria Lei Maior estabelece quando há necessidade de negociação coletiva, como, por exemplo, para diminuição de salários (art. 7º, VI), para redução ou compensação da jornada de trabalho (art. 7º, XIII), para jornada superior a seis horas nos turnos ininterruptos de revezamento (art. 7º, XIV) e no acordo ou na convenção coletiva de trabalho (art. 7º, XXVI, c/c art. 611 da CLT); contudo, não especifica a necessidade de negociação coletiva na participação nos lucros (art. 7º, XI). A Comissão de Sistematização da Assembleia Nacional Constituinte previa que a participação nos lucros seria definida em lei ou em negociação, porém a redação final do inciso XI do art. 7º não repetiu tal disposição. Isso mostra que a negociação é individual, como determina a lei, que confere à comissão escolhida pelos empregados esse mister, pois o constituinte não repetiu aquela expressão no inciso XI do art. 7º da Constituição. Trata-se, portanto, de negociação individual envolvendo várias pessoas, o que poderia ser chamada de negociação individual plúrima.

A comissão irá apenas ter um mandato para negociar e não a representação para celebrar o ajuste, que terá de ser feito com os empregados da empresa. É claro o art. 2º da Lei n. 10.101/2000 no sentido de que "a participação nos lucros ou resultados será objeto de negociação entre a empresa e seus empregados...", e não com outras pessoas, inclusive com a comissão ou com o sindicato. Na verdade, a comissão vai mesmo funcionar apenas como intermediária. A palavra correta a ser utilizada seria que toda empresa deveria "acordar", e não convencionar, que pode confundir-se com convenção coletiva.

De certa forma, o critério adotado pela Lei n. 10.101/2000 parece correto, pois seria impossível ao sindicato verificar a participação nos lucros ou resultados individualmente em relação a cada empresa, quanto às diversas empresas que compõem a categoria. Daí por que mais acertado o ponto de vista da Lei n. 10.101/2000, pois há necessidade de se verificarem as condições de cada empresa, sua lucratividade ou suas metas, sendo que o sindicato não teria condições de adotar um critério genérico, muito menos de fazer verificações contábeis na empresa. Assim, quando se fala em negociação coletiva, haveria uma negociação genérica, tomando por parâmetro toda a categoria, esquecendo-se de peculiaridades que podem ocorrer no âmbito de cada empresa e, principalmente, das microempresas, que não têm a mesma condição financeira de empresas de maior porte. Dessa forma, parece correto esse critério de fazer uma negociação por empresa, de modo a que se atenda às peculiaridades de cada uma, já que ninguém melhor do que os próprios empregados da empresa e seus dirigentes para indicar os critérios individuais existentes em relação àquela empresa.

O resultado final do pacto será um instrumento, isto é, um acordo individual entre cada empregado e o empregador. Deve ser, porém, escrito, e não verbal, devendo os empregados assinar individualmente cada instrumento. Assim, este será considerado um pacto acessório ao contrato de trabalho.

Se o inciso II do art. 2º da Lei n. 10.101/2000 usa a expressão "convenção" ou "acordo coletivo", é porque o inciso I do mesmo artigo versa sobre contratação individual e não coletiva. Assim, a partir da vigência da Medida Provisória n. 1.698-46, há duas formas de se estabelecer a negociação na participação nos lucros ou resultados: a) negociação individual plúrima, por meio de comissão escolhida por empregados e empregadores; b) convenção ou acordo coletivo, que já tinha previsão no art. 621 da CLT.

É contraditório o dispositivo que reza que será formada uma comissão de trabalhadores para negociar com o empregador a participação nos lucros e, ao mesmo tempo, determina que o instrumento de acordo celebrado será arquivado na entidade sindical dos trabalhadores (§ 2º do art. 2º da Lei n. 10.101/2000). É certo que a publicidade de documentos deve ser feita pelas repartições públicas, como acontece com as convenções e os acordos coletivos, que devem ser arquivados na Delegacia Regional do Ministério do Trabalho (art. 614 da CLT), sendo que a vigência dessas normas ocorre três dias após a data de seu depósito no referido órgão (§ 1º do art. 614 da CLT).

Determinaram as medidas provisórias que o sindicato passasse a ser um mero arquivo do acordo realizado, pois o instrumento firmado da participação nos lucros seria arquivado na entidade sindical dos trabalhadores. O objetivo, porém, da referida norma é dar publicidade ao acordo e também dar ciência ao sindicato do resultado final a que chegaram a empresa e a comissão, além do que aquele poderá verificar a assistência à rescisão dos contratos de trabalho se está sendo paga corretamente a participação.

Inexiste também qualquer penalidade na norma legal caso a empresa não arquive o acordo sobre a participação nos lucros na entidade sindical. Nem se menciona na lei que é com o arquivo no sindicato que passa a ter vigência o acordo, que assim terá vigência a partir do momento em que for assinado ou da forma como prescrever o acordo.

A vigência da participação nos lucros ou resultados será determinada no instrumento da sua fixação ou na norma coletiva. Esta terá vigência por no máximo dois anos (§ 3º do art. 614 da CLT). Se for realizada por meio de acordo individual, não há prazo de validade, que poderia ser indeterminado ou não, como é o caso da Lei n. 10.101/2000. A convenção ou o acordo coletivo tem validade por dois anos, mas a apuração da participação nos lucros poderá ser anual, pois é assim que se apura o lucro para fins de imposto de renda. A norma coletiva, sob esse aspecto, não poderá ter mais de um ano de vigência.

Foi proposta ação direta de inconstitucionalidade, por meio da Confederação Nacional dos Trabalhadores no Comércio. O STF deferiu liminar suspendendo a expressão "dentre os empregados da empresa", constante da parte final do inciso I do art. 2º da Medida Provisória n. 1.698-48, de 28-8-1998 (ADIn 1.861-0, j. 16-9-1998, Rel. Min. Ilmar Galvão, *DJU* 1 25-9-1998, p. 2). O STF entende que a negociação é coletiva, não sendo possível prescindir da participação do sindicato. As demais medidas provisórias continuaram a repetir a mesma frase.

Como o entendimento do STF é de que a negociação na participação nos lucros depende da participação do sindicato, o acordo individual celebrado entre empregado e empregador é nulo, por não atender à forma prescrita em lei (art. 104, III, do Código Civil). Se a empresa pagou mal, terá de pagar novamente. Assim, seria recomendável que a negociação fosse feita com o sindicato.

Há julgado nesse sentido:

> Participação nos lucros/resultados – Ineficácia de acordo direto empresa/empregados. O acordo sobre participação em lucros celebrado diretamente pela empresa e seus empregados não tem valor jurídico. A negociação coletiva, que só existe quando a Entidade Sindical Profissional dela participe, é a única soberana e de rigor para retratar o entendimento voltado ao cumprimento da previsão legal sobre a matéria. Prevalência da decisão plenária, unânime, do Supremo Tribunal Federal, que concedeu liminar suspensiva da expressão "por meio de comissão por eles escolhida", por vício de inconstituciona-

lidade, contida em dispositivo de medida provisória que versa sobre negociação e representação envolvendo a participação nos lucros ou resultados da empresa (ADIn 1.361-1-DFT) (TRT 3ª R., 1ª T., RO 8.610/96, Rel. Mônica S. Lopes, *DJMG* 12-10-1996, p. 5).

A comissão para o estabelecimento da participação passa a ser paritária (art. 2º, I, da Lei n. 10.101/2000), tendo representantes de empregados e empregadores.

O membro dos empregadores não precisa ser empregado, pois a lei não exige esse requisito. Pode ser administrador, sócio etc.

Não há previsão na lei a respeito do número de participantes da comissão. Também não existe previsão a respeito de suplentes dos membros.

A Lei n. 10.101/2000 faz referência à comissão paritária escolhida pelas partes. Não dispõe que os membros dos empregados serão eleitos.

Uma vez composta, a comissão paritária de que trata o inciso I do *caput* do art. 2º da Lei n. 10.101/2000 dará ciência por escrito ao ente sindical para que indique seu representante no prazo máximo de 10 dias corridos, findo o qual a comissão poderá iniciar e concluir suas tratativas (§ 10 do art. 2º da Lei n. 10.101). Caso o sindicato de empregados não indique o membro para a comissão, esta pode iniciar e concluir suas negociações.

O membro do empregado que participa da comissão não tem garantia de emprego, porque a Lei n. 10.101/2000 não lhe outorgou tal direito.

Em relação a cada novo empregado, deverá ser convencionada a participação nos lucros, para que possa ter validade, pois a regra legal menciona que a empresa deve convencionar com os empregados, sendo que um não irá representar o outro para efeito da pactuação.

Se o acordo sobre participação nos lucros é coletivo, há necessidade de ser feita assembleia sindical para deliberar sobre o assunto. A assembleia deverá ser convocada especialmente para a celebração de convenção ou acordo coletivo, de acordo com o disposto no estatuto do sindicato, dependendo a validade da citada assembleia do comparecimento e da votação, em primeira convocação, de 2/3 dos associados da entidade, se se tratar de convenção, e dos interessados, no caso de acordo e, em seguida, de 1/3 dos membros (art. 612 da CLT). O quórum de comparecimento e votação será de 1/8 dos associados em segunda convocação, nas entidades sindicais que tenham mais de 5.000 associados (parágrafo único do art. 612 da CLT).

Na hipótese de haver sido a participação fixada em acordo coletivo e, posteriormente, existir convenção coletiva mais benéfica sobre o assunto, aplica-se esta, por força do art. 620 da CLT. Ao contrário, se o acordo que instituir a participação for mais benéfico que o da convenção, observa-se o primeiro.

A participação nos lucros ou resultados estabelecida por lei é genérica, sendo aplicável a todo o território nacional, não verificando as questões regionais ou peculiares a cada empresa, que só por meio de acordo coletivo seriam mais bem delineadas.

Embora tenha a convicção de que o inciso I do art. 2º da Lei n. 10.101/2000 retrata negociação individual, o entendimento do STF é no sentido de que a negociação é coletiva. Assim, é aconselhável que a empresa proceda à negociação coletiva com o sindicato para efeito de estabelecer a participação nos lucros ou resultados, pois, se não houver a participação do sindicato na negociação, o acordo será inválido.

As partes podem:

I - adotar os procedimentos de negociação estabelecidos nos incisos I e II do *caput* do art. 2º da Lei n. 10.101/2000), simultaneamente; e

II - estabelecer múltiplos programas de participação nos lucros ou nos resultados, observada a periodicidade estabelecida pelo § 2º do art. 3º da Lei n. 10.101/2000 (§ 5º do art. 2º da Lei n. 10.101/2000).

18.9 Arquivamento

Arquivar tem o sentido de guardar no arquivo, de conservar ou reter no arquivo.

O arquivamento do instrumento no sindicato seria uma forma de tentar dizer que houve participação do sindicato na negociação. Entretanto, se a agremiação não participar da negociação, não se poderá dizer que foi coletiva.

O ato de arquivar o documento no sindicato não implica que este possa se opor ao conteúdo do pacto, levantando inclusive irregularidades do instrumento.

O arquivamento no sindicato tem por objetivo dar publicidade ao ajuste. Não indica vigência. O sindicato não vai examinar o conteúdo do que foi discutido pelas partes. Pode servir para dar ciência ao sindicato e até para que este verifique o acordo nas assistências às rescisões dos contratos de trabalho.

Caso o sindicato, por algum motivo, não queira arquivar o instrumento, os interessados poderão registrá-lo no Cartório de Títulos e Documentos, o que trará a imediata publicidade do documento. O fato de o sindicato não querer arquivar o acordo não implica que ele não existe, pois terá de ser observado pelas partes que o firmaram.

O arquivo pode servir para o sindicato: tomar ciência do que foi pactuado; verificar se foi observada a participação na assistência às rescisões dos contratos de trabalho dos empregados.

Se a empresa tiver mais de uma categoria, cada acordo deverá ser arquivado no sindicato respectivo.

18.10 Lucros

O ideal é que a Lei n. 10.101/2000 estabelecesse os conceitos de lucro e resultado, pois será difícil determinar a participação dos empregados, visto que o empregado ou o sindicato poderão querer participar sobre o que não representa lucro.

O lucro é o resultado da atividade da empresa. O lucro é a recompensa aos investidores que colocaram seu capital na empresa.

Para evitar dúvidas, a lei deveria conter definições de empresa, de trabalhador, além de esclarecer como será a participação dos trabalhadores autônomos que têm empregados.

No tocante aos grupos de empresas, resta sempre a dúvida de como o lucro será considerado, individualmente em relação a cada empresa, ou o consolidado. Muitas vezes, nas *holdings*, há dividendos recebidos de outras empresas que irão compor o resultado do exercício. Deverá ser analisado se tais valores comporão a base de cálculo da participação dos trabalhadores. Ressalte-se que também não há tratamento quanto ao lucro que ainda não foi realizado ou até mesmo quanto ao lucro resultante de uma operação entre empresas do mesmo grupo, que, mediante artifícios contábeis, pode até mesmo ser dissimulado, passando a empresa a ter até prejuízos, ou até mesmo ser diferido para outro exercício.

Se a participação nos lucros for fixada com base no lucro líquido, deve-se definir se será antes ou depois da provisão para o imposto de renda e da contribuição social sobre o lucro, além de se incluir ou não a participação nos lucros. Caso haja a inclusão, haverá diminuição do lucro a ser distribuído. Deve-se estabelecer também se a participação será antes ou depois da participação dos administradores, inclusive qual será o momento de apuração do lucro.

O lucro não operacional poderia ser excluído do conceito de lucro, pois o empregado não interferiu nesse aspecto para a obtenção de lucro, que são os ganhos e as perdas de capital etc.

A utilização do lucro da exploração como critério para efeito de participação nos lucros pode trazer inconvenientes, pois a empresa pode ter lucro líquido no período, mas o lucro da exploração ser negativo, podendo ocasionar prejuízo. Poderia ocorrer de a empresa ter prejuízo, mas, ao adicionar o lucro da exploração, apresentar lucro. O mesmo poderia ocorrer em relação a lucros ou prejuízos acumulados.

O lucro presumido também poderá representar um critério para o cálculo da participação nos lucros. Entretanto, por ser um porcentual arbitrado sobre a receita da empresa, pode efetivamente não representar lucro, mas, computadas as despesas da empresa, implicar prejuízo.

A avaliação do ativo da sociedade pelo critério da equivalência patrimonial não enseja participação nos lucros, pois efetivamente não representa lucro.

Para o cálculo da participação nos lucros, deve haver a previsão da compensação de prejuízos anteriores, que pode diminuir o lucro ou até torná-lo negativo.

A lei não estabelece qual o porcentual mínimo ou máximo de lucro a ser distribuído, que será definido pelas partes.

Não determina a norma legal limite aos valores a serem distribuídos, dependendo do que for acordado pelas partes.

Nada impede que as partes fixem o critério de lucro da forma como desejarem, incluindo o lucro bruto, o lucro operacional ou qualquer outro critério. Importante é que seja definido o que é lucro.

Um porcentual calculado sobre a receita bruta não é exatamente lucro, pois este compreende a soma das receitas e a diminuição das despesas. O lucro é parte da receita bruta da empresa.

Apesar de a Lei n. 10.101/2000 ter por objetivo não regulamentar em excesso, mas estabelecer uma forma de flexibilização na participação nos lucros, entendo que os conceitos de lucros e resultados deveriam ser indicados, visando não haver qualquer dúvida a respeito. A melhor concepção seria falar no lucro líquido depois do imposto de renda e da contribuição social sobre o lucro, diminuídos também os dividendos dos acionistas ou cotistas.

18.11 Resultados

A participação prevista na Constituição é alternativa: tanto pode ser nos lucros como apenas nos resultados, como algumas empresas estão fazendo.

Pela Lei n. 10.101/2000, os resultados podem ser entendidos como o atingimento de metas pela empresa, os decorrentes da melhoria da produtividade, qualidade, lucratividade ou programas de metas, de redução de custos.

A negociação salarial tem deixado de incorporar a produtividade aos salários.

O próprio inciso II do § 1º do art. 2º da Lei n. 10.101/2000 faz referência a programas de metas, resultados e prazos, que deveriam ser pactuados previamente, como um dos critérios de distribuição a serem previstos nos sistemas de negociação. Na verdade, o texto legal prevê que os resultados devam ser ajustados previamente antes de ser distribuídos. As metas determinadas podem ou não ser atingidas; porém, se o empregado alcançar o resultado determinado pelo empregador, terá direito à participação combinada. Isso importa também dizer que, se no final do exercício, o balanço apresentar prejuízo, se o empregado atingiu a meta determinada, terá direito à participação, que não é nos lucros, mas nos resultados. Outros critérios, porém, podem ser utilizados, pois o § 1º do art. 2º usa a expressão "entre outros", denotando ser exemplificativa a enumeração que faz, e não taxativa.

Assim, seria possível que a participação nos resultados fosse realizada quando atingisse o empregado certa produtividade, como, por exemplo, um número de peças mensais, anuais etc. Também poder-se-ia falar se o empregado atingisse a qualidade do produto desejada pelo empregador, em que este estabelecesse certo padrão de qualidade de peça ou peças que não fossem rejeitadas no controle de qualidade. Isso mostra que nem sempre a participação nos lucros importará incentivo ou aumento à produtividade, pois poderá dizer respeito à qualidade do produto. Ainda, a participação nos resultados poderia ser direcionada no sentido de que o empregado atingisse certa meta estabelecida pelo empregador, como meta de vendas.

As partes também poderiam incluir outras formas de participação nos resultados, entre as anteriormente mencionadas. A própria Lei n. 10.101/2000 refere-se, no § 1º do art. 2º, aos casos que podem ser considerados, "entre outros, os seguintes critérios e condições", que são, portanto, exemplificativos, e não taxativos. Nada impede, portanto, que cada empresa adote outros critérios, ou tenha critérios próprios, diversificados ou até mistos, abrangendo várias situações ao mesmo tempo. Seria até possível defender a participação nos resultados por meio da distribuição de bens que tivessem utilidade econômica, pois mesmo o salário pode ser pago *in natura* (art. 458 da CLT).

Vários poderiam ser os critérios para o estabelecimento de metas: aumento das vendas ou do faturamento, aumento da participação no mercado, aumento do grau de lucratividade da empresa, redução de acidentes do trabalho em determinado período ou não haver acidentes do trabalho, redução de despesas ou de custos, diminuição de perdas no processo produtivo, economia de combustível, matéria-prima, energia, tempo etc., redução de desperdício com os materiais, melhoria da qualidade do produto. Cada setor também poderá ter metas próprias.

Nem sempre, porém, a participação nos resultados poderá implicar aumento de produtividade. Pode importar estímulo ao esforço individual do trabalhador, porque nem todos poderão ter aumento de produtividade.

O empregador não pode usar metas referentes à saúde e segurança no trabalho. Saúde e segurança no trabalho têm sentido amplo, que abrange acidente do trabalho.

Os critérios da participação nos resultados não poderão ficar sujeitos apenas a condições subjetivas, mas objetivas, determinadas, para que todos as possam conhecer e para que não haja dúvida posteriormente sobre se o empregado atingiu o resultado almejado pela empresa.

Verifica-se, portanto, que seria melhor se o legislador tivesse definido o conceito de lucro ou resultado, principalmente diante do fato de que o lucro poderia ser o que viesse antes ou depois das participações de debêntures, administradores e partes beneficiárias e das contribuições para instituições ou fundos de assistência ou previdência de empregados, tratado no inciso VI do art. 187 da Lei n. 6.404/76. Talvez fosse melhor considerar o lucro como o lucro líquido, após abatidas todas as despesas do empreendimento, inclusive a provisão para o imposto de renda e a contribuição social.

O certo é que empresas que não têm escrituração, como as que estão sujeitas ao lucro presumido ou as microempresas, terão dificuldade em saber qual é seu lucro, inclusive se a participação nos lucros poderá ser calculada sobre o lucro presumido. Seria, ainda, necessário dizer sobre a compensação de prejuízos, se podem ou não ser abatidos, o que parece ser a orientação mais correta, pois, do contrário, se estaria distribuindo participação no patrimônio, e não nos lucros.

Empresas metalúrgicas na área do ABC paulista negociaram a participação nos resultados tendo por objetivo três aspectos: produção, qualidade e absenteísmo. Cada um dos itens tem um peso. A produção vale 65 pontos, a qualidade 25 e o absenteísmo 10. Se a soma dos pontos for alcançada, que é 100, a pessoa tem direito a R$ 2.100,00, pois cada ponto vale R$ 21,00.

Lucro ou resultado?

O resultado acaba motivando o trabalhador a atingir a meta determinada pela empresa. O lucro depende de fatores aleatórios ao empregado, como o mercado, a conjuntura econômica, as determinações da política do governo etc.

A participação nos lucros remunera os trabalhadores de forma geral. A participação nos resultados pode remunerar o esforço individual ou por grupos.

Em época de crise, a participação nos resultados pode até diminuir o prejuízo da empresa ou até fazê-la ter lucro, em razão do aumento de produtividade. Nem sempre isso, porém, poderá ocorrer.

18.12 Periodicidade

Dispõe o § 2º do art. 3º da Lei n. 10.101/2000 que é vedado o pagamento de qualquer antecipação ou distribuição de valores a título de participação nos lucros ou resultados da empresa em mais de duas vezes no mesmo ano civil e em periodicidade inferior a um trimestre civil. A determinação da norma é aditiva, no sentido de ser uma coisa e a outra, ao mesmo tempo.

O objetivo da lei é não substituir o salário pela participação, mediante pagamentos mensais da participação.

Não pode a participação ser mensal, bimestral, como no caso de prêmios ou outras formas de se atingirem metas, pois a lei entende que deve ser, no mínimo, trimestral e mais de duas vezes no mesmo ano civil.

O ideal é que coubesse ao empregador decidir o momento de dividir os lucros com os empregados e não a lei estabelecer que a periodicidade mínima é de três meses, não podendo ser distribuída mais de duas vezes no mesmo ano civil. Deveria caber também acordo entre as partes para efeito da distribuição, que indicaria o momento adequado.

Critica-se a participação trimestral, pois muitas empresas só apuram lucros anualmente, como as pequenas empresas. Outras podem ter prejuízo no trimestre, mas lucro no final do exercício, ou vice-versa, o que implicaria descapitalização caso o lucro de um trimestre fosse distribuído quando no outro houvesse prejuízo.

Não é possível pagar mais de duas vezes no ano. Entre cada um dos pagamentos no ano, deve haver um intervalo de pelo menos três meses.

A Volkswagen foi autuada pelo INSS em razão do acordo firmado com o Sindicato dos Metalúrgicos em que a participação nos lucros foi fixada em 12 parcelas mensais, contrariando a determinação da lei.

A norma coletiva não pode prever participação nos lucros de forma mensal, dispondo contra a previsão da lei. Esta estabeleceu condições para o pagamento da participação nos lucros não ter natureza salarial, que não podem ser modificadas por determinação da norma coletiva. A lei é mais favorável ao trabalhador.

Para que a participação nos lucros não tenha natureza salarial é mister atender a forma prevista na lei, de acordo com o inciso III do art. 104 do Código Civil. A forma prevista na Lei n. 10.101/2000 não permite que o pagamento seja mensal.

Fica desvirtuado o pagamento da participação, que passa a ter natureza salarial.

O pagamento mensal, portanto, mostra a natureza salarial da participação nos lucros.

O pagamento da participação nos lucros mensais também é criticado sob o ponto de vista de que não se sabe se no fim do ano a empresa vai ter lucro, podendo ter prejuízo.

O negociado não pode prevalecer sobre o legislado, salvo se for mais favorável ao empregado. O negociado não pode prevalecer sobre o que a lei veda expressamente. A flexibilização de condições de trabalho previstas na norma coletiva não pode ir contra a previsão da lei.

O art. 623 da CLT não permite que a norma coletiva contrarie a política econômica do governo. É nula, portanto, a determinação da norma coletiva tratar de forma diversa da estabelecida na política econômica do governo e contida na Lei n. 10.101/2000.

O reconhecimento das convenções e dos acordos coletivos, previsto no inciso XXVI do art. 7º da Lei Maior, não pode implicar violação da lei e da política econômica do governo.

A questão não é de vício de consentimento do sindicato, mas de não observância da formalidade prevista em lei, a que remete o inciso XI do art. 7º da Lei Maior.

Pode-se entender que a norma coletiva mostra que a questão era de reajuste salarial. Daí por que o sistema mensal de pagamento de participação nos lucros. A política econômica do governo visa proibir pagamento mensal para evitar a volta da inflação. Essa é a razão do pagamento semestral.

Parece que o pagamento da participação mensal, estabelecido na norma coletiva, foi feito em virtude da possibilidade de evitar as dispensas nas indústrias automobilísticas. Isso é positivo, porém não se pode contrariar a previsão contida na lei por meio da norma coletiva.

Não se está desconstituindo integralmente a norma coletiva. O caso é de declaração de ilegalidade de cláusula de norma coletiva, o que surte efeitos apenas entre aquele que propõe a ação e a empresa. A declaração pode ser feita em ação individual, valendo apenas para as partes do processo.

A supressão de verba salarial pela empresa mostra redução salarial e afronta ao inciso VI do art. 7º da Constituição, pois implica alteração unilateral no contrato de trabalho feita pelo empregador e que é prejudicial ao empregado (art. 468 da CLT).

A Orientação Transitória 73 do TST afirma que:

> A despeito da vedação de pagamento em periodicidade inferior a um semestre civil ou mais de duas vezes no ano cível, disposta no art. 3º, § 2º, da Lei n. 10.101, de 19-12-2000, o parcelamento em prestações mensais da participação nos lucros e resultados de janeiro de 1999 a abril de 2000, fixado no acordo coletivo celebrado entre o Sindicato dos Metalúrgicos do ABC e a Volkswagen do Brasil Ltda., não retira a natureza indenizatória da referida verba (art. 7º, XI, da CF), devendo prevalecer a diretriz constitucional que prestigia a autonomia privada coletiva (art. 7º, XXVI, da CF).

A Lei n. 10.101/2000 permite ao Poder Executivo alterar até 31 de dezembro de 2000 a periodicidade semestral mínima para a distribuição de lucros, em razão de eventuais impactos nas receitas tributárias ou previdenciárias. Não se justifica essa questão quanto a impacto em receita previdenciária, pois com a Lei n. 10.101/2000 não há mais incidência da contribuição previdenciária sobre o pagamento feito a título de participação nos lucros.

18.13 Compensação

O § 3º do art. 3º da Lei n. 10.101/2000 estabelece a possibilidade de que os valores pagos espontaneamente pelos empregadores a título de participação nos lucros ou resultados sejam compensados com as obrigações decorrentes de acordos ou convenções coletivas de trabalho, relativamente à participação nos lucros ou resultados. Muitas empresas já tinham programas de participação nos lucros antes da edição da Constituição de 1988 e que estariam irregulares com as medidas provisórias, daí por que a possibilidade de compensação, desde que proveniente de convenções ou acordos coletivos de trabalho.

Consideram-se previamente estabelecidas as regras fixadas em instrumento assinado:

I - anteriormente ao pagamento da antecipação, quando prevista. Prevista aqui é a antecipação e não o pagamento; e

II - com antecedência de, no mínimo, 90 dias da data do pagamento da parcela única ou da parcela final, caso haja pagamento de antecipação (§ 7º do art. 2º da Lei n. 10.101/2000).

A inobservância à periodicidade estabelecida no § 2º do art. 3º da Lei n. 10.101/2000 invalida exclusivamente os pagamentos feitos em desacordo com a norma, assim entendidos:

I - os pagamentos excedentes ao segundo, feitos a um mesmo empregado, no mesmo ano civil; e

II - os pagamentos efetuados a um mesmo empregado, em periodicidade inferior a um trimestre civil do pagamento anterior (§ 8º do art. 2º da Lei n. 10.101/2000).

Na hipótese do inciso II, mantém-se a validade dos demais pagamentos (§ 9º do art. 2º da Lei n. 10.101/2000). Não invalida, portanto, todos os pagamentos. Em alguns casos a Secretaria da Receita Federal vinha tributando a participação nos lucros com o imposto de renda. As regras estabelecidas têm por objetivo resolver a questão.

18.14 Desvinculação da remuneração

A partir da vigência das Medidas Provisórias e da Lei n. 10.101/2000, a participação nos lucros paga ao empregado está desvinculada da remuneração, não substituindo ou complementando a remuneração. O empregador não poderá substituir o salário do empregado pela participação nos lucros ou resultados. Não se lhe aplica o princípio da habitualidade para a caracterização de verba de natureza salarial. Não haverá, portanto, encargos sociais, como FGTS e contribuição previdenciária, sobre seu pagamento. Também inexistirão reflexos da participação nos lucros em férias, 13º salário, repouso semanal remunerado, aviso prévio etc. Não será também computada para o cálculo de qualquer adicional, indenização etc. O próprio § 1º do art. 193 da CLT já era claro no sentido de que o adicional de periculosidade de 30% incide sobre o salário, sem os acréscimos resultantes de gratificações, prêmios ou participações nos lucros da empresa.

Prevê o art. 20 da Lei n. 9.711/98 que a participação nos lucros ou resultados da empresa, na forma da lei específica, não constitui base de incidência de qualquer encargo previdenciário.

A Lei n. 10.101/2000 contém um erro técnico quando menciona que não será observado o princípio da habitualidade, pois este não se constitui em princípio, como uma proposição básica, que se coloca na base da ciência. Na verdade, a habitualidade é uma condição para se caracterizar o pagamento feito pelo empregador ao obreiro como salarial ou não, não sendo princípio. Agora, mesmo que haja pagamento habitual da participação nos lucros, não integrará outras verbas decorrentes do contrato de trabalho, por ser desvinculada da remuneração.

18.15 Imposto de renda

Haverá a incidência do imposto de renda na fonte, pelo fato de que o pagamento é renda do trabalhador. O inciso XI do art. 7º da Constituição determina que a participação nos lucros ou resultados é desvinculada da remuneração e não da renda, permitindo à legislação ordinária considerar o pagamento como renda. Atingindo o pagamento os patamares sujeitos ao imposto de renda, haverá a incidência daquela exação. A tributação será feita exclusivamente na fonte, em separado dos demais rendimentos recebidos, no ano do recebimento ou crédito, com base na tabela progressiva anual constante do Anexo da Lei n. 10.101/2000 e não integrará a base de cálculo do imposto devido pelo beneficiário na declaração de ajuste anual (§ 5º do art. 3º da Lei n. 10.101/2000).

Compete à pessoa jurídica a responsabilidade pela retenção e pelo pagamento do tributo. Melhor seria se a lei falasse que a fonte pagadora deverá reter na fonte o imposto de renda, pois a firma individual também poderá pagá-la. Ao se falar que a participação nos lucros teria incidência de imposto de renda na fonte, poder-se-ia entender que haveria violação do princípio de que a participação estaria isenta de qualquer contribuição ou tributo. A Constituição não prevê imunidade de imposto de renda para a hipótese em comentário, apenas que a participação é desvinculada da remuneração, que é exatamente o que a Lei n. 10.101/2000 faz.

A questão de ser ou não renda, de haver incidência ou não de imposto de renda, tem que ser definida pela lei, que poderá isentar ou não do referido tributo a participação nos lucros, mas tal critério não será inconstitucional.

Para efeito da apuração do imposto sobre a renda, a participação dos trabalhadores nos lucros ou resultados da empresa será integralmente tributada com base na tabela progressiva constante do Anexo à Lei n. 10.101/2000.

Na hipótese de pagamento de mais de uma parcela referente a um mesmo ano-calendário, mediante a utilização da tabela constante do Anexo à Lei n. 10.101/2000, será deduzido do imposto assim apurado o valor retido anteriormente.

Os rendimentos pagos acumuladamente a título de participação dos trabalhadores nos lucros ou resultados da empresa serão tributados exclusivamente na fonte, em separado dos demais rendimentos recebidos, sujeitando-se, também de forma acumulada, ao imposto sobre a renda com base na tabela progressiva constante do Anexo à Lei n. 10.101/2000 (§ 8º do art. 3º da Lei n. 10.101/2000).

Considera-se pagamento acumulado o pagamento da participação nos lucros relativo a mais de um ano-calendário.

Na determinação da base de cálculo da participação dos trabalhadores nos lucros ou resultados, poderão ser deduzidas as importâncias pagas em dinheiro a título de pensão alimentícia em razão das normas do Direito de Família, quando em cumprimento de decisão judicial, de acordo homologado judicialmente ou de separação ou divórcio consensual realizado por escritura pública, desde que correspondentes a esse rendimento, não podendo ser utilizada a mesma parcela para a determinação da base de cálculo dos demais rendimentos (§ 10 do art. 3º da Lei n. 10.101/2000).

Os valores da tabela progressiva anual da participação serão reajustados no mesmo porcentual de reajuste da Tabela Progressiva Mensal do imposto de renda incidentes sobre os rendimentos das pessoas físicas (§ 11 do art. 3º da Lei n. 10.101/2020).

Em razão da não incidência de encargos sociais sobre a participação nos lucros, muitos empresários poderão institui-la como forma de compensar os salários baixos e de não conceder reajustes salariais, quando inexistir norma determinante nesse sentido.

18.16 Despesa operacional

Estabelece o § 1º do art. 3º que, para efeito de apuração do lucro real, a pessoa jurídica poderá deduzir como despesa operacional as participações atribuídas aos empregados nos lucros ou resultados, dentro do próprio exercício de sua constituição.

Considera-se como despesa operacional a não computada no custo, necessária à atividade da empresa e à manutenção da respectiva fonte produtora (art. 47 da Lei n. 4.506/64).

A Lei n. 10.101/2000 faz referência às pessoas jurídicas que apuram lucro real. Assim, empresas que são tributadas pelo lucro presumido ou arbitrado não poderão deduzir a participação nos lucros ou resultados como despesa.

Não é apenas a pessoa jurídica que poderá abater do lucro real a participação paga. A expressão "pessoa jurídica", quando empregada pelo Regulamento do Imposto de Renda, compreende todos os contribuintes, incluindo as empresas individuais.

Prevê a norma legal que a participação será deduzida dentro do próprio exercício de sua constituição. Isso indica que o sistema de apuração de lucros da empresa segue o regime de competência (*accrual basis*), em que as despesas são incorridas no próprio exercício em que foram constituídas, e não o regime de caixa (*cash basis*), em que o importante é a data do efetivo pagamento.

18.17 Mediação e arbitragem

Prevê o art. 4º da Lei n. 10.101/2000 que, na hipótese de a negociação que visa à participação nos lucros ou resultados da empresa resultar em impasse, as partes poderão utilizar-se dos seguintes mecanismos de solução do litígio: 1) mediação; 2) arbitragem de ofertas finais, podendo ser usadas, no que couber, as disposições da lei de arbitragem (Lei n. 9.307/96). Trata-se, portanto, de sistema em que as próprias partes chegarão à solução dos conflitos, escolhendo um terceiro para esse fim, o que é bem melhor do que a Justiça do Trabalho impor a solução. A utilização da mediação ou da arbitragem é facultativa. Não existe obrigação.

Impasse vem do francês, que quer dizer rua sem saída. O sentido da palavra aqui quer dizer se existir divergência entre as partes.

Mediação ocorrerá quando um terceiro vier a solucionar o conflito entre as partes, propondo a solução daquela, podendo ser qualquer pessoa, desde que terceiro estranho à relação. O objetivo do mediador será formular a proposta de entendimento, tentando convencer as partes a aceitá-la. O mediador irá assistir à reunião, ouvir as partes, fazer sugestões, podendo persuadir e recomendar.

A mediação irá diferir da conciliação. O mediador tenta fazer com que as partes aceitem sua proposta. O conciliador apenas reúne as partes, que irão tomar a decisão.

A arbitragem consiste na escolha de um terceiro, alheio ao litígio, que irá impor a solução do dissídio. Difere a arbitragem da mediação, pois nesta o mediador só faz propostas, enquanto na arbitragem o árbitro decide, impõe, diz o direito aplicável à espécie.

A escolha da mediação ou da arbitragem de ofertas finais será feita de comum acordo entre as partes, de maneira facultativa, e não obrigatória, pois a lei usa a palavra "poderão", e não "deverão". Isso mostra que a disposição não é inconstitucional, mas apenas uma faculdade das partes, como forma preparativa da propositura do dissídio coletivo. Trata-se, portanto, de sistema em que as próprias partes chegarão à solução dos conflitos, escolhendo um terceiro para esse fim, o que é bem melhor do que a Justiça do Trabalho impor a solução.

Os empregados poderão, porém, decidir entrar em greve de imediato, ou então será possível ajuizar o dissídio coletivo.

O Decreto n. 1.572, de 28-7-1995, estabeleceu regras sobre a mediação na negociação coletiva de natureza trabalhista. O art. 2º declina que o mediador poderá ser escolhido pelas partes. Quando não houver a escolha, as partes poderão solicitar ao Ministério do Trabalho a designação de mediador (§ 1º do art. 2º). A parte que se considerar sem as condições adequadas para, em situação de equilíbrio, participar de negociação direta poderá, desde logo, solicitar ao Ministério do Trabalho a designação do mediador. O mediador poderá ser pessoa cadastrada no Ministério do Trabalho, desde que as partes concordem quanto ao pagamento dos honorários do referido profissional; quando for servidor do Ministério do Trabalho, não haverá ônus para as partes.

A indicação do mediador será feita pelo Delegado Regional do Trabalho, quando se tratar de negociação de âmbito local ou regional, ou pelo Secretário de Relações do Trabalho do Ministério do Trabalho, na hipótese de a negociação ser de âmbito nacional. A inscrição do mediador no

Ministério do Trabalho será feita desde que o interessado comprove experiência na solução de conflitos trabalhistas e conhecimentos técnicos relativos às questões de natureza trabalhista. O credenciamento terá validade de três anos, contados da publicação no *Diário Oficial*. O mediador designado terá o prazo máximo de 30 dias para a conclusão do processo de negociação, salvo acordo expresso com as partes interessadas. Havendo questões de ordem pública, o Delegado Regional do Trabalho poderá solicitar redução no prazo de negociação.

Não alcançado o entendimento entre as partes, na negociação direta ou por intermédio de mediador, lavrar-se-á termo contendo as causas motivadoras do conflito e as reivindicações de natureza econômica. A Portaria n. 818, de 30-8-1995, do Ministro do Trabalho, estabelece critérios para o credenciamento de mediador perante as Delegacias Regionais do Trabalho:

a) a experiência na composição dos conflitos de natureza trabalhista será comprovada com a apresentação de cópia autenticada das atas de reuniões de negociações coletivas de que tenha participado, nas quais conste seu nome;

b) os conhecimentos técnicos relativos às questões de natureza trabalhista serão comprovados pela atuação em uma das seguintes áreas:

1) advocacia trabalhista;

2) recursos humanos;

3) relações sindicais.

Entendo, porém, ilegal e inconstitucional o art. 4º do Decreto n. 1.572/95, que prevê o critério de que o mediador tem que ser necessariamente cadastrado pelo Ministério do Trabalho, pois o inciso XIII do art. 5º da Constituição dispõe que "é livre o exercício de qualquer trabalho, ofício ou profissão, atendidas as qualificações profissionais que a lei estabelecer", porque a Lei n. 10.192/2001 de desindexação do Real não determina que o mediador tenha que ser cadastrado no Ministério do Trabalho e o referido decreto vai além do disposto na lei, sendo, portanto, nulo.

Ressalte-se que o mediador nem mesmo precisa ter comprovada experiência na composição dos conflitos de natureza trabalhista; basta que tenha bom-senso para resolver o conflito. Se entendermos que a negociação para a participação nos lucros é individual, como é o meu pensamento, não podemos nos utilizar do Decreto n. 1.572/95 ou da Portaria n. 818/95, que regulamentam a mediação na negociação coletiva de natureza trabalhista, e não individual.

Na arbitragem de ofertas finais, o árbitro deve restringir-se a optar por uma das propostas apresentadas pelas partes, em caráter definitivo. Adota-se a expressão utilizada nos Estados Unidos, em que se fala em *final offer selection arbitration*, em que o árbitro terá que selecionar (*to select*) uma das propostas das partes, indicando a que achar mais conveniente, segundo seu convencimento. Nesse caso, não poderá o árbitro adotar uma decisão própria, mas apenas escolher uma das duas propostas das partes. *Final offer arbitration* é igual a *high low arbitration*.

Não poderá decidir, inclusive, por equidade, pois o sistema é de arbitragem de ofertas finais. Na própria Lei do Trabalho Portuário (Lei n. 12.815/2013), adota-se tal entendimento no § 1º do art. 37: "em caso de impasse, as partes devem recorrer à arbitragem de ofertas finais" para a composição dos conflitos decorrentes da aplicação de suas normas. A arbitragem de ofertas finais poderia ser feita, também, com as partes apresentando suas ofertas; porém, em vez de o árbitro escolher uma delas, poderia selecionar as melhores ofertas, item por item, das apresentadas.

A nossa lei estabelece que "o árbitro deve restringir-se a optar pela proposta apresentada" por uma das partes, e não em relação a cada item apresentado pelas partes. Contudo, será fácil dizer que o empregado irá estimar valores maiores de lucros a serem distribuídos e, os empregadores, valores menores. Isso mostra também que a arbitragem de ofertas finais não resolverá o impasse, pois o empregador não irá se sujeitar à escolha de árbitro que venha a fixar lucro inexistente, maior que o existente ou acima daquilo que pretenda distribuir aos empregados. Daí por que o correto seria falar em arbitragem, em que as próprias partes deixariam ao livre alvedrio do árbitro o poder de fixar o lucro a ser distribuído, de acordo com critérios razoáveis para ambos os lados. O mediador ou árbitro será escolhido de comum acordo entre as partes.

Firmado o compromisso arbitral, não será admitida a desistência unilateral de qualquer das partes (§ 3º do art. 4º), sendo necessário, portanto, o consentimento da parte contrária para a desistência.

A sentença arbitral terá força normativa, independentemente de homologação judicial (§ 4º do art. 4º). Com isso, elimina-se de vez a necessidade de homologação da sentença arbitral para que possa ter validade. A lei determina expressamente que a sentença arbitral tem força normativa e vale, portanto, perante todos os empregados da empresa, como se fosse uma espécie de acordo ou convenção coletiva, criando condições de trabalho.

A solução negociada do conflito, por intermédio das próprias partes, que, ou resolvem elas mesmas seus problemas, ou indicam um terceiro, de comum acordo, para dirimir a questão, parece muito melhor do que o Estado impor a solução, por intermédio do poder normativo, que inclusive não atenderá às peculiaridades de cada empresa, mas o fará de acordo com um critério geral.

Se a sentença arbitral contiver defeitos pertinentes ao ato jurídico, poderá ser caracterizada sua nulidade.

Nosso povo, porém, não acredita em arbitragem como forma de solução dos conflitos, preferindo a solução judicial, de modo que esse será mais um inconveniente para se estabelecer a participação nos lucros no Brasil, pois, na prática, frustradas as negociações, as partes não elegerão árbitros, até porque, se não houver comum acordo na escolha, simplesmente não haverá arbitragem, pois a norma não mostra outra saída para resolver o conflito.

Na recusa da negociação, a solução será ajuizar o dissídio coletivo para impor a solução às partes ou deflagrar greve, o que só poderá ser feito por meio do sindicato (art. 4º da Lei n. 7.783/89 e § 2º do art. 114 da Constituição), pois o inciso XXXV do art. 5º da Constituição estabelece que não se poderá vedar o acesso ao Judiciário, ou seja, "a lei não excluirá da apreciação do Poder Judiciário lesão ou ameaça a direito".

Assim, frustrada a negociação ou arbitragem, entendo que será facultado ao sindicato ou a qualquer uma das partes ajuizar o dissídio coletivo. É o que menciona o § 2º do art. 114 da Constituição, em que a Justiça do Trabalho irá solucionar o conflito entre as partes, estabelecendo normas e condições para efeito da implementação da participação nos lucros. A competência será dos tribunais trabalhistas e não das Juntas de Conciliação e Julgamento.

Embora a participação nos lucros não configure uma controvérsia jurídica, diz respeito a aspectos econômicos, como ocorre com reajuste de salários, que o Poder Judiciário terá de disciplinar.

No dissídio coletivo, o tribunal irá decidir o interesse coletivo dos empregados de determinada empresa quanto à participação nos lucros. O interesse não é individual de cada um deles, mas de acordo com o grupo inserido na empresa, diante dos resultados ou lucros obtidos pelo grupo para o empregador. Daí dizer que o interesse é coletivo, dentro da empresa, e não individual, embora possa ter reflexos individuais. O tribunal, ao apreciar o dissídio, irá ter por base as regras disciplinadas pela medida provisória. Difícil será estabelecer qual o porcentual do lucro ou qual o resultado a ser seguido, embora haja critério de resultado indicado na medida provisória, como produtividade, metas etc.

O TRT da 2ª Região estabeleceu o Precedente n. 44, esclarecendo que:

> empregadores e empregados terão o prazo de 60 (sessenta) dias para a implementação de medida que trata da participação dos trabalhadores nos lucros ou resultados das empresas, sendo que para tal fim deverá ser formada em 15 (quinze) dias uma comissão composta por 3 (três) empregados eleitos pelos trabalhadores e igual número de membros pela empresa (empregados ou não) para, no prazo acima estabelecido, concluir estudo sobre a participação nos lucros (ou resultados), fixando critérios objetivos para sua apuração, nos termos do art. 7º, inciso XI, da Constituição Federal, sendo assegurada aos Sindicatos profissional e patronal a prestação da assistência necessária à condução dos estudos. Aos membros da comissão eleitos pelos empregados será assegurada estabilidade no emprego, de 180 dias, a contar da data de suas eleições.

Essa determinação não tem previsão em lei, não podendo ser exercida por meio do poder normativo da Justiça do Trabalho, além de ser a participação nos lucros ou resultados faculdade, e não obrigação da empresa. O Min. Ermes Pedro Pedrassani já deu efeito suspensivo a recurso ordinário em dissídio coletivo de greve suspendendo determinada cláusula que reproduzia o citado precedente (Proc. n. 372.466/1997.3, *DJU* de 3-9-1997), afirmando que "a matéria possui regulação legal, não comportando estipulação por meio de sentença normativa".

O TST tem excluído dos dissídios coletivos cláusulas sobre participação nos lucros. Entende o TST que o tema tem disciplina legal, não comportando sentença normativa, não podendo ser imposto ao empregador (TST, RO DC 387.524/1997.2, Ac. SDC, j. 24-3-1998, Rel. Min. Moacyr Roberto T. Auersvald, in *LTr* 63-09/1212).

18.18 Conteúdo

O acordo que estabelecer a participação nos lucros deverá determinar o porcentual a ser distribuído aos empregados, as quotas individuais de cada um, a periodicidade da distribuição, que não poderá ser inferior a um semestre, bem como o prazo da vigência, as formas e a oportunidade de revisão e o mecanismo de aferição das informações pertinentes para se saber sobre o lucro. De certa forma, o critério adotado pela lei foi correto, pois não se poderia determinar de antemão, numa lei genérica, a todas as empresas o mesmo modo de participação; além do que, a medida provisória permite, mediante negociação, que as particularidades de cada empresa sejam observadas, procedimento melhor do que estabelecer um critério genérico a todos aplicável.

Entendo, também, que há necessidade de se definir o objeto da participação, quais as parcelas que serão excluídas, como despesas não dedutíveis, reservas, provisões para investimentos, receitas de vendas de bens imobiliários etc.

De fato, a participação nos lucros deve ficar a cargo de negociação entre as partes, pois mediante acordo coletivo é possível verificar as peculiaridades de cada empresa –, em vez de se estabelecer um sistema completamente genérico – por meio de lei ou até da convenção coletiva, que será aplicada à categoria, mas a última tem a atenuante de ser uma forma negociada de composição do conflito coletivo.

18.19 Momento da aquisição do direito

Outro aspecto importante a ser ressaltado é sobre qual o momento em que nasce o direito à participação nos lucros, pois isso pode trazer problemas práticos, como a empresa pagar a participação apenas aos trabalhadores que tiverem contrato de trabalho na data do fechamento do balanço. O momento da ocorrência do fato gerador ao direito à participação nos lucros pode mostrar várias consequências, como quando o empregado trabalhou todo o ano ou foi admitido em 31 de dezembro, o fato de o empregado ser dispensado no curso do ano. Assim, um critério mais razoável consistiria em que o empregado teria direito à participação nos lucros somente quando fosse dispensado *sem justa causa*. Não se pode esquecer o direito à participação nos lucros de maneira proporcional se o empregado for dispensado no curso do ano. Outro critério que poderia ser levado em conta seria o número de dias trabalhados pelo empregado no ano, de modo a se estabelecer a proporcionalidade, caso fosse admitido no curso do referido ano.

Da mesma forma, há necessidade de se fixar o momento para o pagamento da participação nos lucros e um prazo para tanto, pois em relação ao salário, por exemplo, deve dar-se até o quinto dia útil do mês subsequente ao vencido (§ 1º do art. 459 da CLT). Nada impede que isso seja feito mediante acordo ou convenção coletiva; porém, é mister que seja especificado, para que o empregado possa exigir a participação nos lucros do empregador, caso a empresa obtenha resultado positivo ao final do exercício.

18.20 Empresas estatais

Dispõe o art. 5º da Lei n. 10.101/2000 que a participação nos lucros dos trabalhadores em empresas estatais "observará diretrizes específicas fixadas pelo Poder Executivo". O parágrafo único do art. 5º da referida norma considera empresas estatais "as empresas públicas, as sociedades de economia mista, suas subsidiárias e controladas e demais empresas em que a União, direta ou indiretamente, detenha a maioria do capital social com direito a voto".

As Medidas Provisórias anteriores à de n. 955 não tratavam do assunto. Nesse ponto, a referida norma pelo menos esclarece o que se considera empresa estatal, o que já ajuda, em certo aspecto. Se, contudo, as diretrizes especificadas vierem a dificultar a referida participação, de modo que haja algum prejuízo ao empregado, serão inconstitucionais, pois, segundo o § 1º do art. 173 da Constituição, as empresas de economia mista ou empresas públicas que explorem atividade econômica deverão seguir as regras de Direito do Trabalho, que só podem ser fixadas por lei, e não por decreto do Poder Executivo.

A Resolução n. 10 do Conselho de Coordenação e Controle de Empresas Estatais, de 30-5-1995, estabeleceu algumas regras para a distribuição de lucros nas empresas estatais, complementando o art. 5º da Lei n. 10.101/2000.

A empresa estatal, antes da apuração da parcela dos lucros ou resultados a ser distribuída a seus empregados, deverá deduzir dessas importâncias os recursos necessários para atender, no que couber: a) ao pagamento de suas obrigações fiscais e parafiscais; b) às suas reservas legais; c) às outras reservas necessárias à manutenção do seu nível de investimentos e à preservação de seu nível de capitalização; d) ao pagamento dos dividendos aos acionistas.

A parcela da participação nos lucros ou resultados não poderá ser superior a 25% dos dividendos a serem pagos aos acionistas.

A empresa estatal fica impedida de distribuir a seus empregados qualquer parcela de lucros ou resultados apurados nas demonstrações contábeis e financeiras que servirem de suporte para o cálculo se: a) houver registro de recebimento, a título de pagamento de despesas correntes[5] ou de capital[6], de quaisquer transferências, diretas ou indiretas, de recursos do Tesouro Nacional; b) possuir dívida vencida, de qualquer natureza ou valor, com órgãos e entidades da Administração Pública Federal, direta ou indireta, com fundos criados por lei ou com empresas estatais, mesmo que em fase de negociação administrativa ou cobrança judicial. Isso implica que, se a empresa estatal tiver dívida vencida do FGTS, mesmo em fase de parcelamento ou cobrança judicial, não poderá distribuir lucros; c) tiver registrado prejuízos de períodos anteriores, ainda não totalmente amortizados por resultados posteriores; d) os resultados positivos apurados decorrerem de medidas de excepcionalização autorizadas pelo governo; e) houver pago a seus empregados, a qualquer título, valores por conta de lucros ou resultados.

---

5 As despesas correntes são as realizadas com despesas de custeio (com pessoal civil, militar, material de consumo, serviços de terceiros, encargos diversos) e as transferências correntes (art. 12 da Lei n. 4.320/64).

6 As despesas de capital são os investimentos (obras públicas, equipamentos e instalações, material permanente etc.), as inversões financeiras e as transferências de capital (art. 12 da Lei n. 4.320/64).

Para que a empresa estatal possa firmar acordo com vistas a estabelecer a participação nos lucros ou resultados, deverá submeter previamente a respectiva proposta ao Conselho de Coordenação das Empresas Estatais, encaminhada por meio do Ministério setorial ao qual esteja vinculada, indicando claramente: a) a origem dos resultados ou lucros que dão margem à proposta de participação; b) o valor total que pretende distribuir; c) os ganhos nos índices de produtividade, qualidade ou lucratividade da empresa no período, que ensejaram a participação; d) a avaliação de metas, resultados e prazos pactuados previamente para o período; e) a evolução dos índices de segurança no trabalho; f) a evolução dos índices de assiduidade; g) outros critérios e pré-condições definidos de acordo com as características e atividades da empresa estatal.

O Conselho poderá aprovar ou não, no todo ou em parte, a proposta, inclusive alterando suas condições, tendo em vista a execução da política econômica e social do governo e a política para as empresas estatais. A participação dar-se-á mediante o pagamento, de uma só vez, em moeda corrente nacional ou em ações representativas do capital social da empresa estatal, ou um misto destas, no mês imediatamente posterior à realização da assembleia-geral ordinária, condicionado ao efetivo pagamento dos dividendos aos acionistas. No caso das empresas públicas, a distribuição de resultados se dará após a aprovação das contas pelo Conselho de Administração ou órgão equivalente.

O empregado somente fará jus à participação convencionada com a empresa à qual está vinculado por meio de contrato de trabalho, independentemente de sua lotação, sendo vedada qualquer participação nos lucros ou resultados de mais de uma empresa estatal, pertencente ou não ao mesmo grupo ou conglomerado. Isso quer dizer que, no caso de grupo econômico de empresas estatais, o empregado tem direito apenas à participação nos lucros de sua empresa, e não do grupo econômico.

O art. 1º do Decreto n. 3.735, de 24-1-2001, prevê que ao Ministro de Estado do Planejamento, Orçamento e Gestão compete a aprovação de pleitos de empresas estatais federais relativas à participação de empregados nos lucros ou resultados (V).

Refere-se o art. 5º da Lei n. 10.101/2000 apenas a empresa da União e não a empresas dos Estados, Distrito Federal e Municípios, que, portanto, ficam sujeitas às regras gerais e não às relativas às diretrizes dos Poderes Executivos estaduais, distritais ou municipais.

Menciona o artigo sobre empresas, porém, não se refere às autarquias e fundações, que não têm atividade lucrativa, nem são consideradas empresas.

18.21 Experiências

O Banco América do Sul dividia o lucro com seus empregados desde 1950. Um dos critérios para a distribuição é o desempenho da agência. Cada agência recebe uma pontuação, dependendo de seus resultados.

A Método Engenharia distribui lucros desde 1980. Entre os executivos, é distribuído 17% dos lucros, de acordo com o salário. Os operários ganham lucros de acordo com metas preestabelecidas.

A Trocão, rede especializada no conserto de automóveis, de Recife, concede a participação nos lucros desde 1988. A divisão é de 35% dos lucros líquidos. Exige-se que o empregado preste serviços com qualidade, no sentido de que o cliente não volte à empresa para reclamar do serviço. Nesse caso, o empregado perde sua cota. Houve uma diminuição das reclamações de 15 para 1%.

A João Fortes Engenharia concede participação nos lucros aos empregados à razão de 20% de seus lucros. Metade é destinada à conta bancária dos empregados. A outra parte vai para o Fundo de Integração Empregado-Empresa (FIEE), criado em 1972, que é uma espécie de condomínio. O objetivo do fundo é a compra de ações da própria empresa. Os funcionários de mais de 18 anos podem adquirir cotas do fundo.

18.22 Considerações finais

No instrumento decorrente da negociação, devem ser fixados critérios claros e precisos, objetivos, visando evitar dúvidas.

O Ministério do Trabalho não poderá aplicar nenhuma penalidade à empresa, caso essa não convencione com os empregados a participação nos lucros ou resultados. A CLT não se aplica ao caso. A Lei n. 10.101/2000 não contém qualquer penalidade para seu descumprimento. A Lei n. 7.855/89 não versa sobre multa em caso de participação nos lucros ou resultados. A Delegacia Regional do Trabalho não poderá utilizar por analogia o art. 621 da CLT, ou afirmar que houve infringência ao referido comando legal, pois aquele dispositivo trata de convenção e acordo coletivo e, mesmo nos arts. 611 a 625, não há multa pelo descumprimento de suas disposições.

Por fim, pode-se afirmar que a lei sobre participação nos lucros será mais um marco para a flexibilização dos direitos trabalhistas, de maneira negociada com o empregador, aproximando e eliminando conflitos entre o capital e o trabalho. Tornará a remuneração flexível ou variável, permitindo competitividade às empresas, inclusive para efeitos internacionais.

19 Direito Internacional e Legislação Estrangeira

19.1 Introdução

Agora, convém mostrar os sistemas existentes no Direito Comparado.

19.2 Direito internacional

19.2.1 *OIT*

De acordo com pesquisa feita pela OIT, na maioria dos países não há obrigatoriedade da participação nos lucros, e, normalmente, ela é concedida mediante negociação coletiva ou por meio de decisão do conselho de administração da empresa[1].

Levantamento feito pela OIT mostra que até 1952, apesar das várias leis existentes sobre participação nos lucros nos países, havia um conceito errôneo de participação nos lucros, que a confundia com abonos.

Em países como, por exemplo, Tcheco-Eslováquia, Hungria e Bulgária, antes da queda do muro de Berlim, havia a instituição de um sistema de concessão de determinada parcela de lucros aos sindicatos, com o objetivo de obras coletivas de bem-estar social. Na Polônia, na mesma

1 OIT. *La participatión dans l'entreprise*. Genebra, 1986, p. 281 s.

época, havia divisão igualitária dos lucros entre os trabalhadores, assim como os chamados "fundos de estabelecimento", que eram constituídos pela diferença entre o lucro em confronto com a rentabilidade do ano anterior e destinados a fomentar serviços sociais.

Na Índia e no Paquistão, os tribunais trabalhistas é que estabelecem uma quota de lucros para os trabalhadores, porém não há um critério ou padrão para tal concessão, que varia de caso a caso. Na Índia, há dois sistemas, o facultativo e o judicial.

A OIT não tem uma determinação direta sobre participação nos lucros, sob a forma de convenção ou recomendação, dadas as divergências entre os vários sistemas pesquisados pela referida instituição e as disparidades existentes nos países, que ou a adotam ou não a observam, pois, muitas vezes, há pagamento de gratificações fixas, independentemente do lucro auferido pela empresa.

19.2.2 Declarações internacionais

No âmbito de tratados ou declarações internacionais, verifica-se que a Declaração Universal dos Direitos do Homem e o Pacto Internacional sobre Direitos Econômicos, Sociais e Culturais também não traçam qualquer diretriz sobre participação nos lucros. A exceção à regra consiste na Carta Internacional Americana de Garantias Sociais, firmada em Bogotá, em 1948, que, em seu art. 11, determina que os trabalhadores têm direito a participar nos lucros das empresas, mediante bases de equidade, de acordo e no montante especificado em lei. Entretanto, essa Carta não tem natureza de tratado, sendo apenas uma declaração de princípios.

19.3 Constituições

No âmbito constitucional, verifica-se, ainda, que certas Constituições tratam do tema: a de Cuba (arts. 14 e 16); a da Espanha (art. 129 (2)); a da Itália (art. 46); a do México (art. 123, (A), IX); a do Peru (art. 56); a de Portugal (art. 81 (b), além de ser feita menção geral nos arts. 54 (3) e 55 (b)); a da Venezuela (art. 87); México (art. 123, IX) e a do Brasil (art. 7º, XI). A participação nos lucros é imposta na Bolívia, no Chile, no Equador, no México, no Peru e na Venezuela.

19.4 Legislação estrangeira

19.4.1 *Alemanha*

Na Alemanha também não existe dispositivo legal que regulamente a participação nos lucros, que é feita por meio de pactos coletivos. Não há, portanto, obrigatoriedade na distribuição de lucros aos empregados. O que existe é a participação na gestão da empresa, até como uma forma de democracia industrial.

A Lei de Incentivo à Formação do Patrimônio do Trabalhador (*Drittes Gesetz zur Förderung der Vermögensbildung der Arbeitnehmer*), de 1975, com as alterações de 16-8-1977, estabelece, nos arts. 7º a 11, apenas uma forma de participação nos resultados (*Ergebnisbeteiligung*), desde que haja economia de material, redução do desperdício, melhor aproveitamento do tempo e melhoria dos métodos de trabalho.

A participação nos resultados pode ser estipulada no contrato de trabalho, em acordo de empresa ou em convenção coletiva. Normalmente, é utilizada uma forma de remuneração a título de gratificação de balanço (*Tantieme*), que é paga apenas a membros da diretoria e do conselho de administração de sociedades de capital ou a altos empregados. A base de cálculo é o balanço anual.

Na Alemanha o tema está incluído nos "Pluses", na participação dos benefícios ou no produto, em que há prestações com repercussão no patrimônio. Normalmente, a participação é decorrente de negociações coletiva.

19.4.2 *Argentina*

Lei de 1946 estabelecia um abono fixo de 1/12 do salário ou ordenado anual, que poderia variar, dependendo da empresa.

O art. 14 "bis" da Constituição argentina versa sobre a "participação nos lucros das empresas, com controle da produção e colaboração na direção". O Decreto n. 390/76, que regulamenta a Lei n. 21.297, determina que a participação nos lucros é uma forma de remuneração (art. 104); é um salário complementar ou suplementar, um acréscimo ao salário, decorrente do resultado do trabalho, porém não pode ser a única remuneração do empregado. A participação nos lucros é calculada sobre os lucros líquidos (art. 110) e o empregado poderá inspecionar a documentação da empresa para a verificação dos lucros (art. 111). Quando for estipulada remuneração acessória, compreenderá uma forma habitual de participação nos lucros, e a época do pagamento deverá ser determinada de antemão (art. 127).

Não é muito utilizada na prática a participação nos lucros.

19.4.3 Áustria

O Direito austríaco prevê diferentes modalidades de remuneração, inclusive a participação nos lucros (*Gewinnbeteiligung*). Entretanto, nesse país representa uma forma de gratificação (*Tantieme*), e é paga a membros da diretoria e dos conselhos das sociedades de capital e a altos empregados (*leitende Angestellte*). A participação nos lucros também pode ocorrer em relação a todos os funcionários da empresa, ou apenas à parte deles. A base de cálculo é o lucro líquido apurado no balanço anual. É entendida a participação nos lucros como meio de incentivo à eficiência dos trabalhadores e forma de ajudar o desenvolvimento da empresa.

19.4.4 Bélgica

A Bélgica não tem exatamente um sistema de participação nos lucros, pois o Instituto Nacional de Seguridade Social exige a contribuição sobre os valores distribuídos. Entretanto, conta com um sistema de participação no capital das empresas, por meio de compra de ações. Quando o empregado adquire as ações, somente poderá negociá-las após um período de cinco anos.

19.4.5 Bolívia

Lei de 21-11-1924, que faz parte da Lei de Trabalho de 1942, determina que os empregadores devem pagar aos empregados uma gratificação anual (*prima anual*), desde que haja lucro no final do exercício, correspondendo a uma fração dos salários dos operários e dos trabalhadores não braçais, em importância não inferior a um mês de salário (art. 57 da Lei de 1942). As empresas que têm lucros em seus balanços anuais são obrigadas a distribuir a referida gratificação, independentemente da importância auferida como lucro, porém esta só é exigível após o resultado final do balanço anual. A Constituição de 1945 estabeleceu, no art. 127, que "a lei determinará o sistema de participação dos empregados e operários nos lucros das empresas". O Decreto-Lei de 27-12-1943 exige que todas as empresas comerciais e industriais apliquem, a título de participação, até o máximo de 25% de seus lucros.

19.4.6 *Chile*

O art. 139 do Código de Trabalho do Chile fazia distinção entre a participação e a gratificação. A participação seria "a proporção nos lucros de um negócio ou somente em uma ou mais seções ou sucursais de um negócio". A gratificação seria "a parte dos lucros com que o empregador beneficia o salário do empregado". Admite-se a participação com parte garantida, e tal valor era considerado salário. As gratificações deveriam ser pagas anualmente e nos 30 dias após a aprovação do balanço (art. 144). A participação tinha um critério misto, pois parte seria entregue ao sindicato e parte aos trabalhadores, tomando-se por base o salário e a assiduidade de cada um (arts. 405 e 406). Havia, assim, confusão entre os conceitos de participação nos lucros e gratificação, o que, do ponto de vista terminológico, não é correto.

O art. 55 do Decreto-Lei n. 2.200, de 1º-5-1978, determina que os estabelecimentos que têm finalidade lucrativa e que obtenham lucros devem gratificar anualmente seus funcionários, na proporção não inferior a 30% dos referidos lucros ou excedentes. A participação será distribuída de maneira proporcional ao tempo de serviço de cada empregado em cada período anual.

19.4.7 *Colômbia*

O art. 127 do Código Substantivo do Trabalho, de 1950, define salário, referindo-se à participação nos lucros como uma de suas modalidades (*participación de utilidades*). O art. 28 evidencia que o trabalhador participa dos lucros, mas não assume os riscos da atividade empresarial ou suas perdas. Há a obrigatoriedade do pagamento de uma gratificação de fim de ano (*prima anual* ou *prima de servicios*), que tem por fundamento a participação nos lucros da empresa (art. 306 do Código Substantivo de Trabalho, de 1950). Trata-se de um abono de serviço devido a todos os trabalhadores de todas as empresas, correspondendo a importância igual a um mês ou 15 dias de salário, se o capital social da empresa for, respectivamente, superior ou inferior a 200.000 pesos (art. 306).

19.4.8 Costa Rica

O art. 164 do Código de Trabalho de 1943 determina expressamente que a participação nos lucros é uma forma de pagamento de salário.

19.4.9 Equador

Inicialmente, a Constituição de 31-12-1946 assegurou aos trabalhadores a participação nos lucros das empresas, estabelecendo o porcentual não inferior a 5%. Atualmente, a percentagem de participação nos lucros pelos empregados é de 7% sobre o lucro líquido (Decreto de 2-12-1948). É feita de maneira global entre trabalhadores intelectuais e operários, na proporção de seus salários. O trabalhador, porém, só recebe 5% de sua parte, e o restante é depositado, em seu nome, num fundo que tem por objetivo financiar obras de assistência social em favor dos assalariados.

19.4.10 Espanha

A Constituição espanhola de 9-12-1931 previa, no art. 46, *in fine*, a participação nos lucros com a seguinte redação: "participação dos empregados na direção, na administração e nos benefícios da empresa".

Inicialmente, o Fuero de los Españoles de 1945, que tem natureza de norma de nível constitucional, determinava o direito à participação nos lucros das empresas (art. 26), porém esse mandamento não foi regulamentado. Antigamente, havia determinação da legislação espanhola de que a participação nos lucros não autorizaria, salvo determinação em sentido contrário, a compensação dos anos de perdas com os de lucros, e tampouco umas e outras seções da indústria ou do comércio, salvo quando os trabalhadores estivessem vinculados simultaneamente a umas e outras seções.

Atualmente, Montoya Melgar[2] considera que a participação nos lucros tem natureza salarial, visto que é apenas uma parte ou a totalidade do pagamento feito pelo empregador ao empregado. O Estatuto dos Trabalhadores espanhóis não trata, porém, da participação nos lucros, que pode ser fixada por intermédio de pactos coletivos.

Na Espanha, há a participação em benefícios, em que o salário pode ser fixado com base na rentabilidade da empresa, havendo várias formas de participação, dependendo da determinação da norma coletiva ou do contrato individual de trabalho[3].

19.4.11 Estados Unidos

Nos Estados Unidos, inexiste dispositivo legal que trate da participação nos lucros (*profit sharing*), que pode ser livremente pactuada pelas partes, inclusive em negociação coletiva. A participação envolve qualquer pagamento extra que o empregador fizer, excluído o salário regular.

A partir dos anos 1950, a participação nos lucros passou a ser incluída nas negociações coletivas.

Há dois tipos de pagamento: a) os imediatos (*Non-Deferred Profit Sharing*); e b) a longo tempo (*Deferred Profit Sharing*). No último, há a distribuição de quotas de fundos de pensão para os empregados.

19.4.12 França

A participação nos lucros é chamada na França de *intéressement*. Não se confunde o *intéressement* com o *actionariat*, que é uma forma de participação dos trabalhadores em planos de subscrição ou compra de ações da empresa. A participação nos resultados é regulada pelos arts. L3.321-1 a L3.3323-10 do Código de Trabalho.

Atrai a participação nos lucros muito mais os altos empregados ou executivos do que o empregado comum, que prefere o salário certo ao incerto.

---

2 MONTOYA MELGAR, Alfredo. *Derecho del trabajo*. Madri: Tecnos, 1978, p. 335.

3 MARTINEZ, Juan M. *Curso de derecho del trabajo*. Valencia: Tirant le Bronch, 1995, p. 415.

A lei que tratava das sociedades anônimas, de 26-4-1917, falava justamente na sociedade anônima com participação operária, porém não impunha a referida participação. Em 1919, uma lei que tratava das minas estabeleceu a participação nos lucros com quota individual proporcional, prevendo, porém, que, se não fosse a participação distribuída anualmente, os operários fariam jus, havendo extinção da empresa ou fim da concessão, ao recebimento de toda a participação quando da liquidação do negócio.

A Lei n. 65.566, de 12-7-1965, também chamada de Emenda Vallon, estabeleceu formas concretas da participação nos lucros, tendo por objetivo assegurar medidas de ordem econômica e social para sua efetivação. A Lei de 22-6-1967 efetivou a participação dos empregados nos lucros das empresas, que se fez por meio de ordenanças. A Ordenança n. 67.693, de 17-8-1967, determinou que a distribuição dos lucros era obrigatória nas empresas com mais de 100 empregados e que fosse estabelecida uma reserva especial, de natureza anual, com essa finalidade. A Lei n. 73-4, de 2-1-1973, elaborou o Código do Trabalho, em que, nos arts. L-442-1 até L-443-10 e R-442, foram especificadas regras sobre participação nos lucros, utilizando-se a lei da expressão "participação dos assalariados nos frutos da expansão das empresas", ou também *intéressement*, que abrange regras de Direito do Trabalho, Direito Comercial, Direito Tributário e, geralmente, de Direito Econômico.

A participação nos lucros era feita em relação às empresas que tivessem durante o ano 100 empregados, em média, a seu serviço, devendo as empresas formar uma "reserva especial de participação dos trabalhadores" (*resérve spéciale de participation*); tendo a empresa número de empregados inferior, não seria concedida a participação nos lucros; eram concedidos benefícios fiscais em razão da outorga da participação nos lucros. Há também, decisão da *Cour de Cassation* de que a participação nos lucros tem natureza de salário e de que deve ser computada nos cálculos de indenização de dispensa, para efeito de pagamento de benefícios acidentários etc.[4]. Gérard Lyon-Caen[5], considera que a participação nos lucros é um suplemento do salário.

---

4 BRUN, André; GALLAND, Henri. *Droit du travaill*. Paris: Sirey, 1978, t. 1., p. 318.

5 LYON-CAEN, Gérard. *Les salaires:* traité de droit du travail. Paris: Dalloz, 1967, p. 162.

A Lei n. 94-640, de 25-7-1994, consolidou na época normas sobre participação nos lucros.

A participação nos lucros (*intéressement*) é aplicável aos empregadores de Direito privado (art. L3311-1 do Código de Trabalho). São também aplicáveis: aos estabelecimentos públicos de caráter industrial e comercial; aos estabelecimentos públicos administrativos quando empregador de pessoal de direito privado.

O acordo deve conter um preâmbulo indicando os motivos e ainda as razões de escolher as modalidades de cálculo da participação nos lucros e os critérios de repartição (art. L3313-1).

O acordo de participação deve definir: o período final; os estabelecimentos beneficiados; as modalidades de participação; as modalidades de cálculo da participação e os critérios de repartição; as datas dos pagamentos (art. L3313-2). O acordo deve conter os procedimentos para regular as diferentes postulações que possam surgir da aplicação do acordo ou da sua revisão.

Os depósitos dos acordos são feitos perante a autoridade administrativa (art. L3313-3).

As empresas que não colocam em aplicação um regime de participação podem, por um acordo de participação, se submeter voluntariamente às disposições do título do Código do Trabalho.

Quando sobrevém uma modificação na situação jurídica da empresa, por fusão, cessão ou cisão, tornando impossível a aplicação de um acordo de participação, este acordo cessa de produzir efeito entre o novel empregador e o seu pessoal.

As empresas têm de fazer uma reserva especial de participação nos lucros. É possível fazer dedução de uma taxa de 5% de capital próprio da empresa. O benefício líquido é aumentado do montante da provisão para investimento.

Os direitos de participação são negociáveis ou exigíveis na expiração de um prazo de cinco anos a contar do primeiro dia do sexto mês seguinte do exercício do qual os direitos são criados, salvo se o empregado pedir o pagamento do todo ou parte das somas correspondentes às condições fixadas por decreto.

Aplica-se a participação nos resultados aos empregadores de direito privado e seus empregados (art. L 3.321-1 do Código do Trabalho). São também aplicáveis: aos estabelecimentos públicos que têm características industrial ou comercial; aos estabelecimentos públicos administrativos quando eles empreguem pessoal sujeito ao direito privado.

A participação nos lucros tem por objetivo garantir coletivamente aos empregados o direito de participar nos resultados da empresa (art. L 3.322-1). Ela representa um caráter aleatório e resulta de uma forma de cálculo ligado a resultados ou *performances*. É facultativa. É uma participação financeira a efeito diferido, calculada em razão do benefício líquido da empresa, constituída da reserva especial de participação. A obrigação se aplica a contar do primeiro exercício posterior ao período de cinco anos civis consecutivos ao primeiro. Concorre para pôr em marcha a gestão participativa na empresa.

As empresas que empreguem ao menos 50 empregados garantirão o direito deles de participar nos resultados da empresa (art. L3322-2). Aplica-se a mesma regra em relação às empresas constituídas O empregado de um grupo de empregadores pode se beneficiar da participação em relação à cada uma das empresas aderentes do grupo nas condições fixadas por decreto.

Quando uma empresa tenha concluído um acordo de participação nos lucros para pelo menos 50 empregados, as obrigações previstas não se aplicam a não ser a partir do terceiro exercício fechado depois do franqueamento à participação, se o acordo for aplicado sem descontinuidade durante o referido período (art. L3322-3).

Os acordos de participação são feitos segundo uma das seguintes modalidades: a) por convenção ou acordo coletivo de trabalho; b) por acordo entre empregador e os representantes das organizações sindicais representativas na empresa; c) por um acordo concluído no âmbito do comitê social e econômico (art. L3322-7).

19.4.13 *Guatemala*

O art. 88 do Código do Trabalho de 1947 indica várias espécies de salário, entre as quais a participação nos lucros da empresa.

19.4.14 *Inglaterra*

Na Inglaterra, a própria Constituição não é escrita, aplicando-se o Direito Costumeiro. Da mesma forma, não houve nenhuma norma que regulasse a participação nos lucros. Adota-se, contudo, a participação nos lucros desde meados do século XIX. Certos planos exigem que o empregado tenha um tempo de serviço mínimo ou só admitem o pagamento da participação para empregados adultos.

Existem três formas de participação: a) a participação nos lucros comum; b) a participação nos lucros que compreende participação acionária pelos empregados; e c) o acionariato, sem qualquer participação nos lucros. Muitos empregadores abandonaram o sistema de participação nos lucros, por entendê-lo ineficaz; nas épocas de crises econômicas, nem empregado nem patrão se interessam por sua concessão.

19.4.15 *Itália*

Na Itália, a Constituição apenas menciona "a participação efetiva de todos os trabalhadores na organização política, econômica e social do país" (art. 3º). Reconhece-se o direito do trabalhador de colaborar, de acordo e nos limites estabelecidos pela lei, na gestão da empresa, com a finalidade da elevação econômica e social do trabalho e da harmonia com as exigências da produção.

O entendimento geral é de que há natureza salarial na participação nos lucros. O art. 2.099 do Código Civil dispõe que o empregado pode ser pago, no todo ou em parte, mediante participação nos lucros, que pode ter natureza de pagamento complementar ao salário. Isso mostra que o empregado pode ser remunerado exclusivamente com participação nos lucros, e não com salário. A jurisprudência firmou orientação de que deve ser assegurada, porém, uma remuneração mínima ao empregado.

O art. 2.102 do Código Civil determina que, se as normas coletivas não dispuserem de maneira contrária, a participação nos lucros será feita, nas empresas que têm de publicar balanços, com base nos lucros líquidos resultantes do balanço regularmente aprovado e publicado. A participação nos lucros tem natureza salarial, segundo Giuliano Mazzoni[6]. O exame do balanço da empresa é, contudo, permitido somente aos sócios. Na prática, as normas coletivas não costumam tratar de participação nos lucros.

---

6 MAZZONI, Giuliano. *Manuale di diritto del lavoro*. Milão: Giuffrè, 1977, v. 1, p. 557.

19.4.16 *Japão*

No Japão, há um bônus semestral que está ligado à lucratividade da empresa. Esse bônus representa 20 a 25% do salário total de cada empregado.

19.4.17 *México*

Os incisos VI e IX do art. 123 da Constituição de 1917 tratavam da participação nos lucros. O inciso VI mencionava que, "em toda empresa agrícola, comercial, fabril ou mineira, os trabalhadores têm direito a uma participação nos lucros, que será regulada como indica o item IX". Com a reforma de 1962, o inciso VI trata de salário mínimo, ficando apenas o inciso IX a versar sobre participação nos lucros. Esse dispositivo reza que os trabalhadores terão direito a uma participação nos lucros das empresas, determinada de acordo com uma Comissão Nacional integrada por representantes dos trabalhadores, dos empregadores e do governo, que irá fixar a percentagem de lucros a ser distribuída aos empregados.

O lucro a ser tomado por base é aquele especificado pela legislação do Imposto de Renda. A Lei Federal do Trabalho, de 1970, trata do assunto nos arts. 117 a 131. O art. 131 dispõe textualmente que o fato de os trabalhadores participarem dos lucros não importa intervir na direção ou administração das empresas. O art. 121 permite que o trabalhador examine a contabilidade da empresa, formulando, inclusive, objeções às informações apresentadas pelo empregador.

Os lucros são calculados pelo rendimento tributável, nos termos da legislação do Imposto de Renda. A participação nos lucros é repartida em duas partes: metade é dividida em parcelas iguais, entre os trabalhadores, em razão do número de dias em que cada um tenha trabalhado na empresa durante o ano. A outra metade é distribuída proporcionalmente ao valor do salário de cada um, excluídas as suplementações eventuais. Na Comissão Mista há representantes em igual número de empregados e empregadores.

O pagamento da participação é feito nos 60 dias seguintes à data do pagamento do Imposto de Renda devido pela empresa. São permitidas reclamações contra a declaração de rendimentos da empresa. Nas pequenas empresas, a quota de participação não poderá exceder o salário de um ano. Os trabalhadores eventuais só têm direito à participação se prestarem serviços à empresa por pelo menos 60 dias. São consideradas faltas justificadas as ausências por motivo de acidente do trabalho e licença-maternidade. Os aprendizes e empregados domésticos são excluídos da participação nos lucros. O produto da participação nos lucros não integra o salário.

19.4.18 Panamá

A Constituição de 1946 não estabelece participação nos lucros, porém dispõe que a lei pode determinar a referida participação, de acordo com as condições econômicas do país. O art. 13 da Lei n. 8, de 30-4-1981, reza que a participação nos lucros estabelecida em lei ou norma coletiva não constitui salário.

19.4.19 Peru

A Constituição de 1933 previa no art. 45 um regime que proporcionasse a participação nos lucros. Hodiernamente, o trabalhador tem direito à participação individual no final de cada ano, mas também de participar da gestão e da propriedade, salvo em relação às empresas de telecomunicações.

O Decreto-Lei n. 10.908, de 3-12-1948, estabeleceu a participação nos lucros dos empregados.

A atual Constituição, de 1979, em seu art. 56, declara que o Estado reconhece o direito dos trabalhadores a participar da gestão das empresas. Trinta por cento do lucro apurado no final do exercício deve ser distribuído aos empregados. Do lucro bruto, 10% deve ser deduzido para o juro do capital investido, além da existência de outras deduções autorizadas pelas leis fiscais relativas a lucros normais e extraordinários. Leva-se em consideração não somente a remuneração que o empregado perceba, mas também a assiduidade ao trabalho e seu rendimento, como critérios de distribuição.

O trabalhador recebe apenas um quinto em dinheiro, e o restante é-lhe entregue sob a forma de ações nominais e intransmissíveis da Caixa de Trabalho, que tem por objetivo fomentar construção de habitações para os segurados, vantagens de sistema de previdência social e aposentadoria. O trabalhador passa, então, a ser acionista de uma caixa de seguro social.

A participação nos lucros é feita de acordo com a atividade da empresa: a) 4% na mineração, b) 8% na pesca; e c) 10% na indústria de telecomunicações. É feita para todos os empregados de forma proporcional ao tempo que prestam serviços durante cada exercício econômico.

19.4.20 Portugal

Antonio de Lemos Monteiro Fernandes esclarece que a participação nos lucros é uma forma variável de pagamento ao empregado, porém adstrita ao rendimento global da empresa, e não ao rendimento decorrente da atividade do empregado. Pondera que, muitas vezes, a participação nos lucros é paga em quantitativos certos, transformando-a numa espécie de gratificação (gratificação de balanço), perdendo a correlação com os resultados efetivos da empresa.

Prevê o art. 260 do Código do Trabalho que "não se considera retribuição a participação nos lucros da empresa, desde que ao trabalhador esteja assegurada pelo contrato uma retribuição certa, variável ou mista, adequada ao seu trabalho" (1, d).

Indiretamente, o dispositivo admite que a participação nos lucros seja a única forma de remuneração do trabalhador. Afirma Monteiro Fernandes[7] ser um fato totalmente criticável que a lei o admita, comprometendo o princípio da retribuição suficiente, pois os lucros podem não existir e o obreiro nada perceber a título de remuneração. Nesse caso, a participação nos lucros só não tem natureza de salário se se assegurar ao trabalhador outra forma de remuneração[8]. A jurisprudência não admite, porém, que exista apenas a participação nos lucros como forma de pagamento ao empregado.

19.4.21 Suíça

O art. 322a, alínea *1*, do Código das Obrigações estabelece que, se, no contrato de trabalho, o trabalhador tiver direito à participação nos lucros,

---

7 MONTEIRO FERNANDES, Antonio de Lemos. *Direito do trabalho*. Coimbra: Almedina, 1987, v. 1, p. 356-357.

8 NETO, Abílio. *Contrato de trabalho*. Lisboa: Petroni, 1980, p. 247.

esta será calculada com base no resultado do exercício anual. Muitas vezes, os trabalhadores recebem, além do salário, outra remuneração adicional, que é chamada de gratificação de resultado ou de produção (*Erfolgsvergütung*). A participação, em regra, pode ser feita sobre o lucro líquido anual. É possível também uma participação nos rendimentos de todo o pessoal da empresa.

O pagamento sobre o total do resultado do empreendimento recebe a denominação de participação nos resultados do negócio.

19.4.22 Turquia

O art. 323 do Código de Obrigações estabelece que, se for estipulado que parte dos lucros deve ser acrescida aos salários, o empregador é obrigado a fornecer aos empregados as informações dos ganhos ou prejuízos da empresa, permitindo-lhes que consultem seus livros contábeis. O acréscimo tem natureza salarial e não pode consistir no único pagamento feito ao empregado. O art. 30 da Lei n. 440, de 12-3-1964, reza que, nas empresas com grande número de empregados, 10% dos lucros será dividido aos empregados, sem qualquer distinção. A lei usa a expressão "gratificação", que não pode ultrapassar o salário mensal do obreiro.

19.4.23 Uruguai

Os arts. 10 e 11 da Lei n. 5.350, de 17-11-1965, excluíam os participantes nos lucros da empresa da limitação da jornada de trabalho.

Atualmente, a legislação uruguaia não trata da participação nos lucros. Entende-se, porém, que é um pagamento de mera liberalidade do empregador, devido apenas uma vez por ano. Tal remuneração não pode substituir o salário. Se há pagamento com habitualidade, passa a ter natureza de salário.

A participação não pode ser computada para o pagamento do salário mínimo.

19.4.24 Venezuela

A Lei de Trabalho de 1936, em seu art. 63, previa a participação nos lucros, que dependia de o Poder Executivo estabelecer a proporção da participação, mediante consulta prévia a comissões especiais. Para as grandes empresas, determinava-se o pagamento de dois salários mensais, e um salário para as pequenas empresas ou estabelecimentos. Criticava-se o sistema, pois, em vez de se fomentar a participação, era criado o pagamento de mais um ou dois salários por ano, que independiam do lucro.

Muitas legislações excluíam expressamente os trabalhadores rurais da participação nos lucros. O Decreto n. 119, de 4-5-1945, estendeu o regime de participação nos lucros aos trabalhadores rurais.

O art. 87 da Constituição de 1961 prevê a participação nos lucros, que será fixada em lei. A *Ley del Trabajo* de 1975 determina, no art. 82, que toda empresa deve distribuir aos empregados 10% do lucro líquido, deduzindo-se dos lucros brutos as despesas gerais da empresa, o juro do capital, que é limitado a 6% ao ano, e 10% que são destinados a um fundo de reserva. A participação é feita de forma global e repartida entre os trabalhadores braçais e os não braçais, calculada em proporção ao salário. São entregues ao empregado três quartos do valor que lhe é devido, e o restante é depositado num banco, podendo dispor de tal quantia depois de decorridos cinco anos ou quando seu depósito atingir 2.000 bolívares, ou para comprar uma casa ou fazenda, além de em casos de incapacidade, absoluta e permanente, para o trabalho.

O Poder Executivo pode, no entanto, ordenar que a quantia devida ao trabalhador seja entregue a este de imediato. A participação nos lucros pode ser substituída por um abono nas empresas cujos balanços não indicam lucros, como uma forma de participação sobre lucros presumidos. Da mesma forma, o Poder Executivo pode obrigar as referidas empresas a distribuir abonos e gratificações a seus empregados, na forma indicada pelo governo, em montante determinado, que não poderão exceder a soma fixada para as empresas que declarem lucros.

Atualmente, a Lei Orgânica de Trabalho (Lei Caldera) prevê a participação nos lucros no art. 174.

Determina o art. 174 da Lei Orgânica do Trabalho que as empresas devem distribuir entre todos os seus trabalhadores pelo menos 15% dos benefícios líquidos que houverem obtido ao fim do exercício anual. Entendem-se por benefícios líquidos os rendimentos definidos na lei do Imposto de Renda. Assemelham-se às empresas os estabelecimentos que visam ao lucro. O art. 175 declara que as empresas e os estabelecimentos ou exploradores com fins de lucro pagarão a seus trabalhadores, dentro dos primeiros 15 dias do mês de dezembro de cada ano ou na oportunidade estabelecida na convenção coletiva, uma quantidade equivalente a 15 dias de salário, pelo menos, imputável à participação nos benefícios que puder corresponder a cada trabalhador no ano econômico.

Observada tal determinação, o patrão deverá considerar o pagamento como bonificação e não estará sujeito a repetição. Se o empregador não obtiver benefícios cujo montante chegar a cobrir os 15 dias de salário entregues antecipadamente, será considerada extinta a obrigação.

O art. 180 dispõe que a importância que for devida a cada trabalhador será paga dentro dos dois meses imediatamente seguintes ao dia do encerramento do exercício da empresa.

O art. 183 declara que exclui da determinação do pagamento de participação nos lucros: a) as empresas comerciais cujo capital investido não exceda o equivalente a 60 salários mínimos mensais; b) as empresas industriais cujo capital investido não exceda o equivalente a 135 salários mínimos mensais; e c) as empresas agrícolas e pecuárias cujo capital investido não exceda o equivalente a 250 salários mínimos mensais.

Conclusões

Pode-se, para concluir, fazer as seguintes observações:

O inciso XI do art. 7º da Constituição não é norma autoaplicável, pois depende de lei ordinária para lhe dar eficácia plena.

Quando se fala na participação nos lucros desvinculada da remuneração, também se está querendo dizer que a lei ordinária é que terá de observar que a referida participação não tem natureza salarial. Enquanto a lei ordinária não existir, se o empregador pagar participação nos lucros a seus empregados, a citada participação terá natureza salarial, aplicando-se a antiga regra da Súmula 251 do TST, havendo, inclusive, incidência do FGTS e da contribuição previdenciária.

O legislador constituinte referiu-se à participação nos lucros ou resultados; todavia, esta última expressão não se confunde com a primeira, talvez tendo tido o constituinte em mente a ideia de faturamento, que não é a mesma coisa, ou de participação no resultado de associações civis ou entidades de beneficência que não visam ao lucro.

A participação nos lucros não deveria ser obrigatória, mas facultativa, sendo implementada mediante acordo coletivo entre a empresa e seus funcionários, pois haveria melhores condições de se verificar as peculiaridades de cada empresa para a distribuição dos lucros. A lei deveria apenas fixar critérios fundamentais e genéricos sobre o instituto.

No sistema anterior à Constituição, o pagamento da participação nos lucros tinha incidência da contribuição previdenciária, principalmente a partir da vigência da Lei n. 5.890/73, que deu nova redação aos arts. 69 e 76 da Lei n. 3.807/60 (LOPS).

A alínea *j* do § 9º do art. 28 da Lei n. 8.212/91, ao mencionar que "a participação nos lucros ou resultados da empresa, quando paga ou creditada de acordo com a lei específica", não integra o salário de contribuição, apenas interpreta corretamente o contido no inciso XI do art. 7º da Lei Maior, não sendo, portanto, inconstitucional. Enquanto não houver lei específica sobre participação nos lucros e esta for paga com habitualidade, haverá a incidência da contribuição previdenciária, pois a participação será desvinculada da remuneração somente quando for editada a lei ordinária tratando do tema.

Da forma como está redigida a Lei n. 10.101/2000, a participação nos lucros constitui uma forma de flexibilização de direitos trabalhistas. A Lei n. 10.101/2000 tem por objetivo um sistema totalmente desregulamentado, deixando às próprias partes interessadas o estabelecimento da participação nos lucros.

Constitui a participação nos lucros uma forma de propiciar maior justiça na repartição de riquezas, além de ser o instrumento adequado para a realização de reformas no conceito de empresa.

A participação nos lucros deve ser feita de acordo com critérios claros, precisos, definidos no instrumento de negociação. Deve-se, assim, estabelecer critérios objetivos para tal fim e não critérios que não poderão ser cumpridos. Daí a importância de se pensar e ponderar muito bem sobre a possibilidade de sua instituição, para que amanhã, em qualquer adversidade, a empresa possa honrar seus compromissos.

É recomendável evitar o pagamento de algo que se denomine de participação nos lucros ou resultados, quando, na verdade, se trata de um abono, de um prêmio ou uma gratificação, nada tendo a ver com lucros ou resultados, pois se trata de uma espécie de mascaramento da participação, tendo natureza salarial. Nesse caso, haverá posteriormente a incidência de FGTS e da contribuição previdenciária, além de repercussão em férias, gratificação de Natal etc., que encarecerá o respectivo pagamento.

A imposição do sistema por lei tem o inconveniente de ser nacional e genérico, não atendendo a peculiaridades de cada empresa.

O ideal é que a participação nos lucros seja feita por acordo coletivo, que irá prever as circunstâncias individuais da empresa e não por convenção coletiva, que irá valer indistintamente para todas as empresas da categoria, sem se ater a peculiaridades de cada empregador.

Parece que a tendência será a concessão da participação nos resultados e não nos lucros, em razão de que o empregador não irá querer que o empregado fique fiscalizando o lucro existente na empresa. Daí, talvez, os empregadores terem interesse em estabelecer a participação nos resultados, que não compreende a necessidade de verificação da existência de lucros e exame de sua contabilidade. Para o empregado também será melhor, pois não ficará inteiramente dependente de um fator aleatório, que é o lucro, nem da exatidão desse lucro, podendo esforçar-se nas metas determinadas pela empresa, para obter a participação nos resultados.

A participação nos lucros ou resultados vinha sendo concedida pelo empregador muito mais como forma de compensar os salários baixos e de não conceder reajustes salariais aos empregados. Vem sendo paga muito mais como um 14º salário ou um abono. O objetivo da norma legal não foi, porém, elevar os salários, mas incentivar o empregado a buscar novos resultados.

Referências

ASQUINI, Alberto. Profili dell'imprensa. *Rivista di Diritto Commerciale*, XLIII, 1943.

BARACHO, José Alfredo de Oliveira. Participação nos lucros e integração social – PIS. *Estudos Sociais e Políticos 31– Revista Brasileira de Estudos Políticos*. Belo Horizonte, 1972.

BARRETO FILHO, Oscar. Formas jurídicas da empresa pública. *Revista da Faculdade de Direito da Universidade de São Paulo*, LXXII, 1977.

BASTOS, Celso Ribeiro; MARTINS, Ives Gandra da Silva. *Comentários à Constituição do Brasil*. São Paulo: Saraiva, 1989. v. 2.

BATALHA, Wilson de Souza Campos. *Direito do trabalho e participação nos lucros*. São Paulo: Max Limonad, 1954.

BRITO, Adriana Maria Hopfer. *Participação nos lucros*. Curitiba: Juruá, 1996.

BRUN, André, GALLAND, Henri. *Droit du travaill*. Paris: Sirey, 1978. t. 1.

CATHARINO, José Martins. *Tratado jurídico do salário*. São Paulo: LTr, 1994.

CHIARELLI, Carlos Alberto. *Trabalho na constituição, direito individual do trabalho*. São Paulo: LTr, 1989. v. 1.

CORREA, Waldir Evangelista. *Participação nos lucros ou resultados*. São Paulo: Atlas, 1999.

CUNHA, Sólon Almeida. *Da participação dos trabalhadores nos lucros ou resultados da empresa*. São Paulo: Saraiva, 1997.

DICIONÁRIO DE CIÊNCIAS SOCIAIS. 2. ed. Rio de Janeiro: Fundação Getulio Vargas, 1987.

FERREIRA, Pinto. *Comentários à constituição brasileira*. São Paulo: Saraiva, 1989. v. 1.

FERREIRA, Waldemar Martins. *História do direito constitucional brasileiro*. São Paulo: Max Limonad, 1954.

FISCHLOWITZ, Estanislau. *Participação nos lucros*. Rio de Janeiro: Agir, 1959.

FRONTINI, Paulo Salvador. O conceito da empresa e a participação dos empregados nos seus lucros e resultados. In: *Participação dos Empregados nos Lucros*. São Paulo: Dialética, 1995.

HAURIOU, Maurice. *Aux Sources du Droit*. Paris: BLoud & Gay, s. d.

HIGUCHI, Hiromi; HIGUCHI, Fábio Hiroshi. *Imposto de renda das empresas*. 20. ed. São Paulo: Atlas, 1995.

JAVILLIER, Jean Claude. *Manual do direito do trabalho*. São Paulo: LTr, 1988.

JOÃO, Paulo Sergio. *Participação nos lucros ou resultados das empresas*. São Paulo: Dialética, 1998.

LIPPMANN, Ernesto. Participação dos empregados nos lucros das empresas: acertos, erros e implicações práticas da regulamentação (MP 915, fevereiro de 1995). *Suplemento Trabalhista LTr*, 40/95.

LYON-CAEN, Gérard. *Les salaires*: traité de droit du travail. Paris: Dalloz, 1967.

MAGANO, Octávio Bueno. *O direito do trabalho na constituição*. Rio de Janeiro: Forense, 1993.

———. Participação em lucros e programa de Integração Social. *Revista do TRT da 8ª Região* (separata), n. 15, 1975.

———. Participação em lucros ou resultados: dissídio coletivo e limites do poder normativo da Justiça do Trabalho. *Participação dos Empregados nos Lucros*. São Paulo: Dialética, 1995.

———. Participação nos lucros ou resultados. *Política do Trabalho*. São Paulo: LTr, 1995. v. 2.

MARANHÃO, Délio. *Direito do trabalho*. 16. ed. Rio de Janeiro: Fundação Getulio Vargas, 1992.

MARTINEZ, Juan M. *Curso de derecho del trabajo*. Valencia: Tirant le Bronch, 1995.

MARTINEZ, Wladimir Novaes. *O salário de contribuição na lei básica da previdência social*. São Paulo: LTr, 1993.

MARTINS, Sergio Pinto. Beneficiários da participação nos lucros. *Participação do Empregados nos Lucros* (obra coletiva). São Paulo: Dialética, 1995.

_______. *Direito da seguridade social.* 38. ed. São Paulo: Saraiva, 2020.

_______. *Direito do trabalho.* 35. ed. São Paulo: Saraiva, 2020.

_______. Forma de negociação entre trabalhadores e empregadores na participação nos lucros. *Repertório IOB de Jurisprudência 21/95.* Texto 2/10.643.

_______. Participação nos lucros. *Orientador Trabalhista Mapa Fiscal – Suplemento de Legislação, Jurisprudência e Doutrina* 12/93, p. 778.

_______. Participação nos lucros e incidência da contribuição previdenciária. *Revista da Previdência Social.* São Paulo: LTr, n. 168, p. 853, nov. 1994.

_______. Participação nos lucros e resultados. In: MORAES, Alexandre de (Org.). *Os 20 anos da Constituição da República do Brasil.* São Paulo: Altas, 2008, p. 279.

_______. Negociação para o estabelecimento da participação nos lucros ou resultados. In: *Orientador Trabalhista Mapa Fiscal*, n. 2/2000, p. 5.

_______. Participação nos lucros e resultados e a Lei n. 10.101/2000. *Orientador Trabalhista Mapa Fiscal* n. 5/2001, p. 5.

_______. Pagamento mensal da participação nos lucros. *Orientador Trabalhista*, n. 5/2010, p. 3.

_______. Contribuição previdenciária e distribuição nos lucros de dirigentes ou sócios. *Revista de Previdência Social*, LTr, n. 258/361, maio 2002.

______. Participação nos lucros na França. *Carta Forense*, out./2014, p. B-6.

______. Participação nos resultados de empresas que não visam ao lucro. *Orientador Trabalhista*, fev./2015, p. 3.

MAXIMILIANO, Carlos. *Hermenêutica e aplicação do direito.* 8. ed. Rio de Janeiro: Freitas Bastos, 1965.

MAZZONI, Giuliano. *Manuale di diritto del lavoro.* Milão: Giuffrè, 1977. v. 1.

MESQUITA, Luiz José de. *Direito disciplinar do trabalho.* 2. ed. São Paulo: LTr, 1991.

MIRANDA, Pontes de. *Comentários à constituição de 1967 com a emenda 1 de 1969*. 2. ed. São Paulo: Revista dos Tribunais, 1972. t. 6.

MONTEIRO FERNANDES, Antonio de Lemos. *Direito do trabalho*. Coimbra: Almedina, 1987. v. 1.

MONTOYA MELGAR, Alfredo. *Derecho del trabajo*. Madri: Tecnos, 1978.

NASCIMENTO, Amauri Mascaro. *Direito do trabalho na constituição*. São Paulo: Saraiva, 1989.

———. *Iniciação ao direito do trabalho*. 21. ed. São Paulo: LTr, 1994.

———. *Teoria jurídica do salário*. São Paulo: LTr, 1994.

NETO, Abílio. *Contrato de trabalho*. Lisboa: Petroni, 1980.

OIT. *La participatión dans l'entreprise*. Genebra, 1986.

———. *Los salarios*: manual de educación obrera. 2. ed. Genebra.

PASSOS, Edésio. A medida provisória sobre participação nos lucros. *Suplemento Trabalhista LTr* 28/95, p. 279.

RENNARD, Georges. *La theorie de l'institution*. Paris: Sirey, 1930.

RIVERO, Jean, SAVATIER, Jean. *Droit du travail*. Paris: Presses Universitaires de France, 1975.

ROBERT, Charles. *Le partage des fruits du travail*. Paris, 1878.

ROCHA, Valdir de Oliveira. A Constituição e a participação dos empregados nos lucros, ou resultados, e na gestão das empresas. In: *Participação dos Empregados nos Lucros*. São Paulo: Dialética, 1995.

ROMITA, Arion Sayão. *Os direitos sociais na constituição e outros estudos*. São Paulo: LTr, 1991.

———. Participação nos lucros ou nos resultados. Instrumentos previstos para a negociação. Mecanismos de composição dos litígios. In: *Participação dos Empregados nos Lucros*. São Paulo: Dialética, 1995.

RUSSOMANO, Mozart Victor. *O empregado e o empregador no direito brasileiro*. São Paulo: LTr, 1986.

SAAD, Eduardo Gabriel. *CLT comentada*. 28. ed. São Paulo: LTr, 1995.

———. *Constituição e direito do trabalho*. 2. ed. São Paulo: LTr, 1989.

———. *Participação nos lucros e cogestão*. LTr 53-3/279.

———. Temas Trabalhistas (15). *Suplemento Trabalhista Ltr* 26/95.

SANDRONI, Paulo. *Dicionário de economia, organização e supervisão*. São Paulo: Best Seller, 1989.

SILVA, Floriano Corrêa Vaz da. A participação nos lucros. *Synthesis* 6/88, São Paulo: Revista dos Tribunais, 1988.

SILVA, José Afonso da. *Aplicabilidade das normas constitucionais*. 39. ed. São Paulo: Malheiros, 1999.

SILVA, José Afonso da. *Curso de direito constitucional positivo*. 13. ed. São Paulo: Malheiros, 1997.

SILVA, Wilma Nogueira Araújo Vaz da. Aspectos da participação do empregado nos lucros da empresa. *Synthesis* 4/87, São Paulo: Revista dos Tribunais, 1987.

SLOAN, Harold A. ZURCHER, Arnold J. *A dictionary of economics*. 3. ed. New York: Barnest Noble, 1953.

SÜSSEKIND, Arnaldo. *Comentários à CLT.* Rio de Janeiro: Freitas Bastos, 1964. v. 3.

________. *Comentários à constituição*. Rio de Janeiro: Freitas Bastos, 1990. v. 1.

________. Participação nos lucros da empresa. *Suplemento Trabalhista LTr* 33/95.

TAVOLARO, Agostinho Toffoli. *Participação dos empregados nos lucros das empresas*. São Paulo: LTr, 1991.

TEIXEIRA FILHO, João de Lima. A participação nos lucros ou resultados como fator de modernização das relações de trabalho. *Synthesis* 16/93, São Paulo: Revista dos Tribunais, 1993.

ZYLBERTAIN, Hélio. Aspectos econômicos da participação dos empregados nos lucros. *Synthesis* 8/89, São Paulo: Revista dos Tribunais, 1989.

Índice Remissivo*

* A numeração refere-se ao item.